可靠性技术丛书

航空装备海洋大气环境工程与数字应用
（数字工程篇）

工业和信息化部电子第五研究所　组编

张　博　焦志锋　田　野　王春辉　编著

电子工业出版社
Publishing House of Electronics Industry
北京·BEIJING

内 容 简 介

本书面向高端装备数字化转型和高质量发展的需要，从理论分析、试验实践、数字化应用三个角度系统论述航空装备环境适应性问题及其解决方案。本书分为两册，包括理论实践篇和数字工程篇。理论实践篇中，理论篇重点论述航空装备海洋大气环境损伤，阐述内在因素、外在因素、保障因素对腐蚀行为的影响，量化南海、东海、黄海等典型海域环境因素作用强度、作用时间、作用次数及所占比例；实践篇重点论述多元耦合工况环境试验与评价方法、南海大气腐蚀加速试验方法，分析典型航空结构材料在外场大气环境和内场加速环境下的腐蚀行为与机理，构建了加速试验典型当量与相关性关系。数字工程篇重点论述了典型航空材料腐蚀数据分析、建模、仿真预计、数字工程/数字孪生技术进展、仿真模型的验证及确认。

本书可供从事航空装备、环境工程、腐蚀防护的工程技术人员参考，也可作为高等学校相关专业的教学参考资料。

未经许可，不得以任何方式复制或抄袭本书之部分或全部内容。
版权所有，侵权必究。

图书在版编目（CIP）数据

航空装备海洋大气环境工程与数字应用. 数字工程篇 / 工业和信息化部电子第五研究所组编；张博等编著. —北京：电子工业出版社，2022.4
（可靠性技术丛书）
ISBN 978-7-121-42601-8

Ⅰ. ①航… Ⅱ. ①工… ②张… Ⅲ. ①海洋环境－影响－装备保障－可靠性 Ⅳ. ①E145.6

中国版本图书馆 CIP 数据核字（2022）第 020167 号

责任编辑：牛平月　　　　特约编辑：田学清
印　　刷：三河市鑫金马印装有限公司
装　　订：三河市鑫金马印装有限公司
出版发行：电子工业出版社
　　　　　北京市海淀区万寿路 173 信箱　　　邮编：100036
开　　本：720×1000　1/16　印张：9.25　字数：192.4 千字
版　　次：2022 年 4 月第 1 版
印　　次：2022 年 4 月第 1 次印刷
定　　价：78.00 元

凡所购买电子工业出版社图书有缺损问题，请向购买书店调换。若书店售缺，请与本社发行部联系，联系及邮购电话：(010)88254888，88258888。

质量投诉请发邮件至 zlts@phei.com.cn，盗版侵权举报请发邮件至 dbqq@phei.com.cn。
本书咨询联系方式：niupy@phei.com.cn。

前言

装备环境适应性工作是一项系统工程,所涉及的是装备"多种材料、多种指标、多种环境、使用寿命"之间的交互关系,也涉及全寿命期内装备环境适应性影响因素识别与分析、环境数据观测与采集、环境试验与评价方法、环境效应分析、数据挖掘与应用、环境工程管理等多学科多门类问题。

我国进入 21 世纪以来,随着战略重心的调整,武器装备在海洋、沙漠、高原、高寒等地区的服役种类和数量激增,材料、性能、环境、寿命交互作用复杂,环境适应性问题显著。各类关系与问题交互作用复杂,亟需通过体系化建设,探明装备材料与性能、性能与指标、指标与时间、材料与环境、环境与环境、指标与环境、性能与环境,以及它们多者之间的映射关系,从更深层次采集与挖掘装备环境适应性信息与价值。建立从电化学微尺度到介观(介于宏观与微观之间)环境因素再到宏观现象之间的关系,构建底层数据湖,利用现代信息技术,将装备环境适应性领域知识、数据、业务流程等转化为统一的知识库、模型库、数据库,把隐性知识、数据转化为显性可配置、自动化的软件执行过程,达到知识的凝聚与复用的目的。通过技术体系的解耦、分化、再封装,构建新技术体系,贯穿数据采集、数据传输、数据分析、数据决策,使装备环境工程专业从传统的理论推理(观察、抽象、数学)、试验验证(假设、试验、归纳)向仿真预计(数值模型、机理模型)、智能决策(优选、预防、维修)方向转变。

本书围绕上述主旨,同时面向高端装备数字化转型和高质量发展的需要,从理论分析、试验实践、数字化应用三个角度系统论述航空装备环境适应性问题及其解决方案。本书分为理论实践篇和数字工程篇,见表 0-1。理论实践篇中,理论篇重点论述航空装备海洋大气环境损伤,阐述内在因素、外在因素、保障因素对腐蚀行为的影响,量化南海、东海、黄海等典型海域环境因素作用强度、作用时间、作用次数及所占比例;实践篇重点论述多元耦合工况环境试验与评价方法、南海大气腐蚀加速试验方法,分析典型航空结构材料在外场大气环境和内场加速环境下的腐蚀行为与机理,构建了加速试验典型当量与相关性关系。数字工程篇重点论述了典型航空材料腐蚀数据分析、建模、仿真预计、数字工程/数字孪生技术进展、仿真模型的验证及确认。

表 0-1　章节涵盖内容及相互关联

序号	篇	章	设置思路
1	理论实践篇	理论篇 第 1 章　航空装备海洋大气环境损伤 第 2 章　航空装备海洋大气腐蚀因素识别与分析 第 3 章　典型海区环境谱编制与量化分析	理论基础，只有摸清装备环境损伤薄弱环节、各因素影响特点、典型海区环境条件，才能有针对性地开展环境试验、加速试验、腐蚀控制、体系建设等工作
		实践篇 第 4 章　典型航空材料海洋大气环境试验 第 5 章　典型航空材料腐蚀加速试验 第 6 章　当量关系构建与相关性分析 第 7 章　典型航空材料海洋大环境腐蚀数值模型	技术核心，以试验技术为研究核心，论述海洋大气、大气—力学、大气—热等多元耦合环境试验技术，揭示典型航空结构材料环境损伤行为与机理，构建内外场当量关系，分析相关性
2	数字工程篇	第 1 章　典型航空装备腐蚀仿真技术应用 第 2 章　航空装备腐蚀数字工程建设 第 3 章　航空装备腐蚀数字孪生 第 4 章　航空装备腐蚀数字模型验证及确认	体系拓展，立足"数据+算法"，构建"感知、物联、移动、智慧"系统，实现海量、复杂、多维、高度互联数据的解析分析、仿真预计与智慧决策，将模型 V&V 技术贯穿仿真建模过程中，通过工业软件技术进行代码化封装，形成系统解决方案

本书主创团队包括张博、焦志锋、田野、王春辉、胡湘洪、王荣祥、邓俊豪、刘丽红、雷冰、龚雨荷、马庆钟、赵栩鹤、于宏飞、尚进、苏少燕、李骞、李坤兰、苏元元。本书由张博进行构思与设计，焦志锋进行审定和订正。具体分工：前言由张博撰写；第 1 章由尚进、焦志锋、张博撰写；第 2 章、第 3 章由焦志锋、张博、王荣祥、邓俊豪撰写；第 4 章由田野、张博、焦志锋、雷冰撰写。本书由马庆钟负责统稿。本书的出版是集体智慧的结晶，感谢王荣祥、刘丽红、于宏飞、李骞、龚雨荷、王春辉、胡湘洪、李长虹、赵栩鹤、李坤兰、苏少燕、苏元元等成效卓越的研究工作。

感谢编辑牛平月的悉心关照。在本书编写过程中，新技术还在不断发展之中，同时由于作者水平有限，书中难免存在不足和疏漏之处，恳请读者批评指正。

本书受到中华人民共和国工业和信息化部（MJ-2017-J-99），工业和信息化部电子第五研究所（20Z19）科研项目的资助，感谢王勇研究员、杨春晖研究员的指导。

目录

数字工程篇

第1章 典型航空装备腐蚀仿真技术应用 2
- 1.1 概述 2
- 1.2 典型航空铝合金南海大气腐蚀宏观仿真 2
  - 1.2.1 仿真模型构建 2
  - 1.2.2 第二相电化学腐蚀宏观仿真结果与分析 5
  - 1.2.3 钝化膜缺陷电化学腐蚀宏观仿真结果与分析 10
  - 1.2.4 2A12铝合金典型电偶腐蚀宏观仿真过程与结果分析 14
  - 1.2.5 归纳分析 26
- 1.3 典型航空铝合金南海大气腐蚀微观仿真 27
  - 1.3.1 铝合金表面氧化膜模型 30
  - 1.3.2 2A12铝合金与液膜原子级界面模型构建 35
  - 1.3.3 氧化膜成分对Cl-在溶液中扩散趋势的影响 36
  - 1.3.4 氧化膜成分对Cl-吸附行为的影响 44
  - 1.3.5 归纳分析 58

第2章 航空装备腐蚀数字工程建设 59
- 2.1 数字工程建设内涵 59
  - 2.1.1 数字工程建设 59
  - 2.1.2 典型技术路线 61
  - 2.1.3 目标里程碑 61
  - 2.1.4 技术进展 63
- 2.2 仪器化数据采集 67
  - 2.2.1 概述 67
  - 2.2.2 腐蚀环境因素与腐蚀速率自动监测系统 70
  - 2.2.3 机器视觉腐蚀面积识别系统 73
  - 2.2.4 仪器化涂层划入系统 74
  - 2.2.5 腐蚀深度激光共聚焦显微镜 75

2.3 数据模型构建 ... 76
2.3.1 需求分析 ... 76
2.3.2 模型搭建平台典型技术路线 ... 77
2.3.3 建模方法 ... 77
2.4 仿真系统构建 ... 78
2.4.1 构建设想 ... 78
2.4.2 仿真原理 ... 78
2.5 可视化构建 ... 81
2.5.1 概述 ... 81
2.5.2 一般数据可视化表达 ... 81
2.5.3 大数据可视化表达 ... 82
2.5.4 可视化工具 ... 82
2.5.5 环境工程可视化构想 ... 83

第3章 航空装备腐蚀数字孪生 ... 89
3.1 数字孪生内涵 ... 89
3.1.1 数字孪生的概念 ... 90
3.1.2 技术进展 ... 91
3.1.3 实施方法 ... 93
3.2 数字孪生的支撑技术 ... 95
3.2.1 快速模型技术 ... 95
3.2.2 机理模型技术 ... 96
3.2.3 模型修正技术 ... 102
3.2.4 模型可信度 ... 104
3.2.5 影响模型可信度的因素 ... 106

第4章 航空装备腐蚀数字模型验证及确认 ... 109
4.1 模型验证及确认内涵 ... 109
4.1.1 模型V&V基本概念 ... 110
4.1.2 实施流程 ... 110
4.1.3 技术进展 ... 114
4.2 模型验证实施 ... 115
4.2.1 代码验证 ... 115
4.2.2 解验证 ... 125

4.3 模型确认及预测实施 129
　　4.3.1 确认实验的原则 130
　　4.3.2 不确定性分析 130
　　4.3.3 模型可信度评估 132
　　4.3.4 问题与挑战 134

参考文献 135

数字工程篇

第 1 章

典型航空装备腐蚀仿真技术应用

1.1 概述

本章以典型航空铝合金为主要研究对象,从宏观与微观仿真的角度,对典型航空铝合金在典型南海地区腐蚀行为进行仿真应用。在宏观仿真方面,通过有限元计算的方式,论述典型航空铝合金在典型南海地区下第二相电化学腐蚀类型、钝化膜缺陷电化学腐蚀模型、海洋环境下金属接触电化学腐蚀模型。在微观仿真方面,通过第一性计算的方式,论述 Na^+ 和 Cl^- 在氧化膜表面吸附的几何结构特征,从电子转移分析和化学键分析两个角度,讨论两种氧化膜对 Na^+ 和 Cl^- 吸附行为差异的原因。

1.2 典型航空铝合金南海大气腐蚀宏观仿真

1.2.1 仿真模型构建

1) 第二相电化学腐蚀类型

铝合金在大气中初期的腐蚀与第二相有着密切的关系,第二相的存在增加了材料的点蚀敏感性。本章以典型航空 2A12 铝合金为代表,对其在典型南海地区的腐蚀行为进行仿真应用。2A12 铝合金属于 Al-Cu 系列合金,其中合金元素 Cu、Fe、Mg 在金属间形成第二相。这些微米级别的第二相是有害的,能够造成局部腐蚀。对于实际应用中的 2A12 铝合金，基体中典型的微米级别的第二相 Al_2Cu，其惰性强于周围的铝基体，在合金中通常作为阴极相，其周围的铝基体（阳极）被钝化膜覆盖，并假定钝化膜和第二相非常稳定，点蚀往往从第二相与基体交界处开始。2A12 铝合金第二相点蚀三维模型如图 1-1 所示。

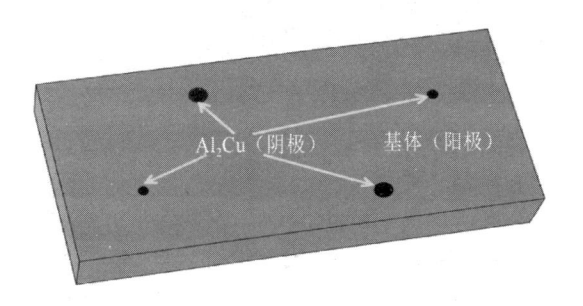

图 1-1　2A12 铝合金第二相点蚀三维模型

为了重点考察第二相与铝基体交界处的腐蚀变形状况，建立了第二相与周围基体的局部二维模型，如图 1-2 所示。该模型由铝基体、第二相（Al_2Cu）、表面的电解液薄膜构成一个完整的电化学腐蚀体系。

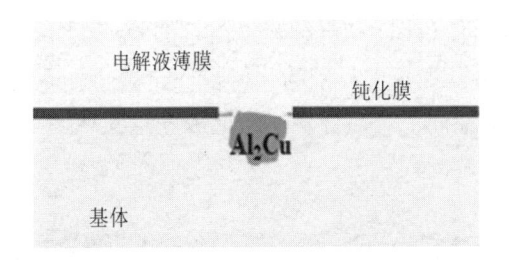

图 1-2　2A12 铝合金第二相点蚀二维模型

2）钝化膜缺陷电化学腐蚀模型

对于暴露在大气中的铝合金，海洋大气环境液膜中 Cl^- 会在铝合金表面的活性位发生吸附，所述吸附在钝化膜不完整或缺陷处增强，随后吸附的离子从缺陷处渗入裸露的铝合金基体中，产生点蚀。针对上述现象，建立了此类腐蚀发展模型的宏观框架，其主要由电解液、2A12 铝合金基体及覆盖基体的有缺口的钝化膜构成，如图 1-3 所示。对于实际应用中的 2A12 铝合金，金属表面钝化膜惰性强于周围的铝基体，且钝化膜非常稳定，自身不发生化学反应。在本模型中钝化膜作为阴极，2A12 铝合金基体作为阳极，腐蚀从钝化膜缺口处开始发生。

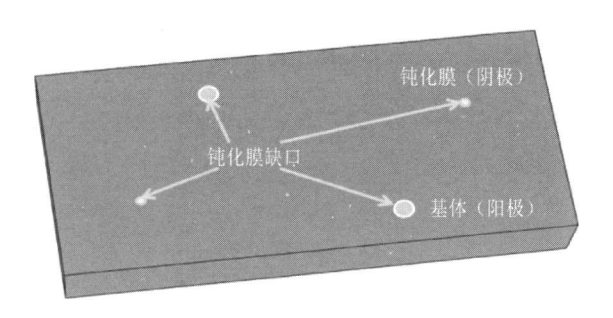

图 1-3　2A12 铝合金钝化膜缺陷点蚀三维模型

为探索 2A12 铝合金在大气条件下的钝化膜缺陷电化学腐蚀形貌的变化和表面电流分布，将图 1-3 中的三维模型简化为如图 1-4 所示的二维模型（见图 1-3 中三维模型的横截面），该模型由电解液薄膜、钝化膜、铝合金基体构成，从而形成一个完整电化学腐蚀体系。由于钝化膜惰性强于铝合金基体，所以在此电化学腐蚀体系中钝化膜作为阴极，铝合金基体作为阳极。金属暴露在大气中，表面会形成一层极薄的液膜，并且由于 NaCl 的溶解，其具有导电性，形成一层电解液层，铝合金基体被腐蚀，失去电子，并释放出 Al^{3+} 到电解液中，同时铝合金基体失去的电子传导到钝化膜表面，与钝化膜表面的 H_2O 和电解液中溶解的 O_2 发生反应生成 OH^-，随后电解液中的 Al^{3+}、OH^-、Cl^- 发生各种复杂的化学反应，整个体系形成一个自腐蚀循环系统，使得腐蚀过程不断进行，对铝合金基体造成严重破坏。

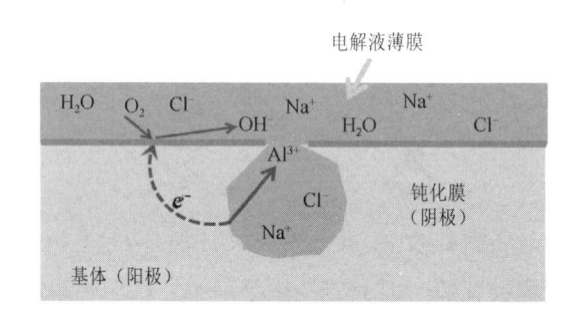

图 1-4　2A12 铝合金钝化膜缺陷点蚀二维模型

3）海洋环境下金属接触电化学腐蚀模型

在实际应用中，2A12 铝合金必然会与其他种类的金属直接接触，而不同金属之间的平衡电位不同，在湿大气环境下极易产生电偶腐蚀。因此如图 1-5 所示，在 COMSOL 中构建了 2A12 铝合金与 AISI 4340 钢直接接触的三维模型，两种金属的尺寸均为 12mm×6mm×2mm，由于两种金属活动性不同，其中平衡电位较低的 2A12 铝合金作为阳极，表面发生氧化反应，被腐蚀，AISI 4340 钢作为阴极，表面发生还原反应。

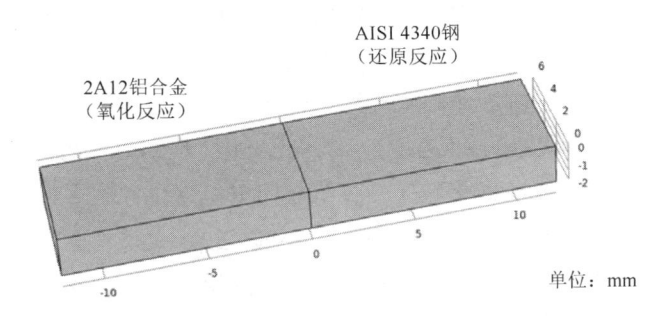

图 1-5 2A12 铝合金与 AISI 4340 钢直接接触三维模型

为了研究两种金属表面腐蚀电流分布情况，建立了 2A12 铝合金与 AISI 4340 钢在大气中接触的表面模型，如图 1-6 所示。金属暴露在大气中，表面会形成一层极薄的液膜，并且由于 NaCl 的溶解，其具有导电性，形成一层电解液层。两种金属平衡电位不同，直接接触后，在电解液层的作用下构成了一个完整的电化学腐蚀体系。由于腐蚀首先在金属表面发生，所以模型只考察金属表面的电解液薄膜中的电流分布情况。为了重点研究考察对象及简化计算，每种金属表面宽为 12mm。

图 1-6 2A12 铝合金与 AISI 4340 钢在大气中接触的表面模型

1.2.2 第二相电化学腐蚀宏观仿真结果与分析

1）2A12 铝合金第二相电化学腐蚀表面电位与电流分布云图

图 1-7 所示为 2A12 铝合金第二相大气腐蚀表面电位分布云图，其中灰色箭头指向表示表面电流的方向，箭头大小和密度表示表面电流密度。固定初始条件盐负荷密度 LD=0.5g/m^2，金属表面相对湿度 RH=0.8，从图 1-7 中可以看到在基体与第二相 Al$_2$Cu 交界处可以清晰地观察到颜色的变化和等势线分布，即电位的变化。在远离交界处，金属表面的电解液薄膜电位几乎不发生变化，表明电位变化主要集中在基体

与第二相的交界处。通过观察云图中颜色变化和等势线分布可知，对于2A12铝合金基体，在交界处的电解液薄膜电位明显降低，这可能是由于铝合金基体表面的电解液薄膜在交界处中的 Al^{3+} 向第二相表面的液膜中迁移，而第二相表面液膜中的 OH^- 也会向铝合金基体表面电解液薄膜中迁移。由于液膜中的物质传输的主要方式是扩散，迁移动力不强，所以 Al^{3+} 和 OH^- 迁移缓慢，主要只集中在两相交界处，远离交界离子迁移能力较弱，故远离交界处没有明显的电位变化。由观察云图中不同尺寸第二相表面和周围基体的颜色变化和等势线分布可知，大尺寸第二相周围的铝基体电位下降幅度比小尺寸第二相周围铝基体电位下降幅度要大，这是因为大尺寸第二相与铝基体接触面积较大，交界处铝基体表面电解液薄膜单位时间内向第二相表面迁移的 Al^{3+} 数量比小尺寸多，即表面电流较大（见图1-7灰色箭头），所以大尺寸第二相周围基体表面电位下降幅度更大。但由于大尺寸第二相表面 OH^- 含量比小尺寸第二相表面 OH^- 含量高，且 Al^{3+} 迁移到第二相表面中心的路径也比小尺寸长，这双重作用使得大尺寸第二相表面电位依然低于小尺寸第二相表面电位。

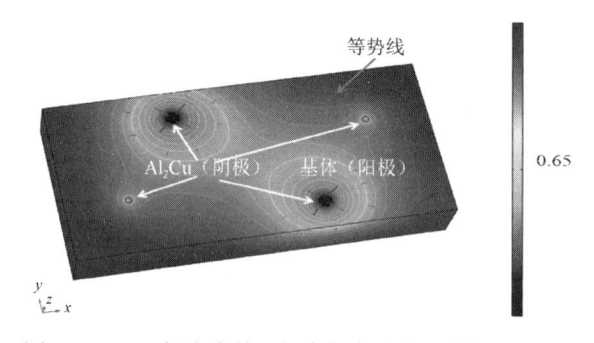

图1-7 2A12铝合金第二相大气腐蚀表面电位分布云图

图1-8所示为2A12铝合金第二相大气腐蚀表面电流分布云图，其中等势线上的箭头指向表示表面电流的方向，箭头大小和密度表示表面电流密度。同样固定初始条件盐负荷密度LD=$0.5g/m^2$，金属表面相对湿度RH=0.8，从图1-8中可以看到在铝基体与第二相 Al_2Cu 交界处有清晰的颜色变化，即电流密度大小的变化，越靠近第二相电流密度越大，在远离交界处，金属表面的电解液薄膜几乎没有电流，表明电流变化主要集中在基体与第二相的交界处。这可能是由于铝合金基体表面的电解液薄膜在交界处中的 Al^{3+} 向第二相表面的液膜中迁移，而第二相表面液膜中的 OH^- 也会向铝合金基体表面电解液薄膜中迁移。由于液膜中的物质传输的主要方式是扩散，迁移动力不强，Al^{3+} 和 OH^- 迁移缓慢，主要只集中在两相交界处，远离交界处的离子迁移能力较弱，迁移速度较慢，故远离交界处没有明显的电流，腐蚀主要发生在基

体相和第二相交界处。由观察云图中不同尺寸第二相周围基体的颜色变化程度可知，大尺寸第二相周围的铝基体电流密度比小尺寸第二相周围铝基体电流密度要大，这是因为大尺寸第二相与铝基体接触面积较大，交界处铝基体表面电解液薄膜单位时间内向第二相表面迁移的 Al^{3+} 数量比小尺寸多，即表面电流较大，由此可知大尺寸的第二相对腐蚀的促进作用强于小尺寸的第二相。

图 1-8 2A12 铝合金第二相大气腐蚀表面电流分布云图

2）2A12 铝合金第二相腐蚀形貌计算结果

图 1-9 所示为 COMSOL 中创建的第二相点蚀模型微观结构，该模型由暴露在电解液中的钝化膜、铝合金基体和第二相 Al_2Cu 组成。从图 1-9 中可以看出，横截面微结构由插值函数 micro(x,y)表示，数值 0 和 1 分别表示α相和β相。该模型尺寸为 100μm×25μm，第二相半径 r=15μm，钝化膜厚度为 1μm，缺口直径 d=5μm。

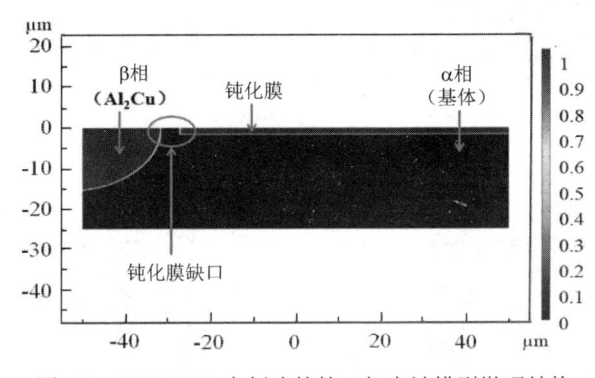

图 1-9 COMSOL 中创建的第二相点蚀模型微观结构

由于 2A12 铝合金点蚀模型用到的是 COMSOL 中的腐蚀，二次电流接口只用来探索某一固定电导率条件下 2A12 铝合金第二相腐蚀变形随时间的变化，需要预设置电解液属性，即电解液薄膜厚度、氧溶解度、盐负荷密度等条件均为定值。当这些条件固定时，电解液薄膜厚度与电导率固定，而由于本模型中不考虑电解液薄膜厚度对腐蚀变形的影响，所以只把电解液薄膜中电导率当成唯一自变量。本模型定义金属表面相对湿度 RH=0.98，由 Chen 等人的论文可知此时电解液薄膜的电导率 σ=2.5S/m。

如图 1-10（a）所示，与上一个模型类似，点蚀还未开始时，坐标轴 0 刻度线以下区域为 2A12 铝合金，尺寸为 100μm×25μm，表层是一层有缺口的钝化膜，钝化膜厚度为 1μm，缺口直径 d=5μm，第二相 Al_2Cu 半径为 15μm。坐标轴 0 刻度线以上区域为电解液（质量分数为 3.5%的氯化钠溶液），尺寸为 100μm×50μm。腐蚀主要发生在电解液薄膜与合金界面处，网格划分与上一个模型类似。

腐蚀初期，NaCl 溶液从钝化膜缺口逐渐渗入活性的铝合金基体中，很快产生点蚀，T=25h 的蚀坑形态如图 1-10（b）所示。随着反应的不断进行，蚀坑不断扩大，T=75h 的蚀坑形态如图 1-10（c）所示，同时周围基体开始产生新的蚀点，点蚀逐渐向周围晶粒扩散。当 T=175h 时，如图 1-10（d）所示，蚀坑依然继续增大，且周围的基体也随着反应开始腐蚀。之后，在 T=280h 时，如图 1-10（e）所示，整个基体几乎腐蚀殆尽。

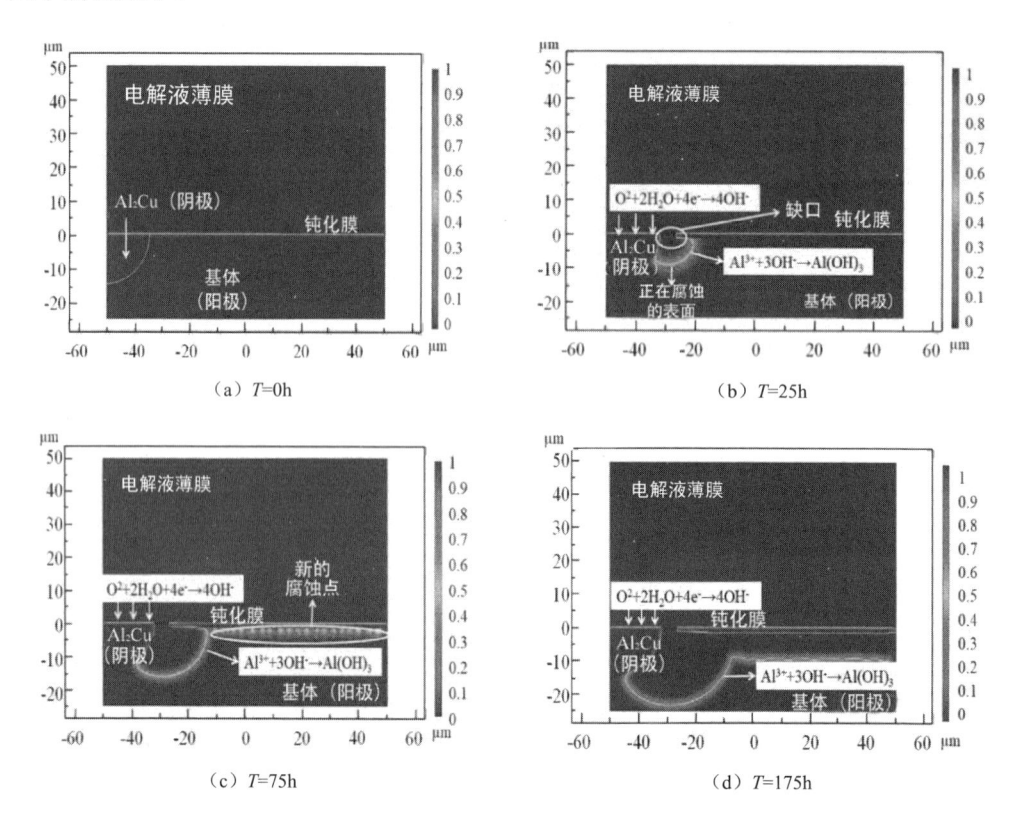

图 1-10 2A12 铝合金点蚀模型在不同时刻的腐蚀程度

（e）$T=280h$

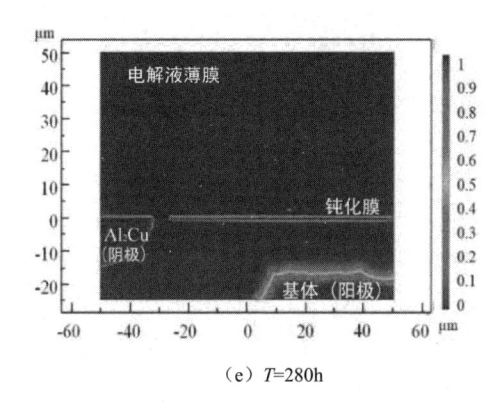

图 1-10　2A12 铝合金点蚀模型在不同时刻的腐蚀程度（续）

如图 1-11 所示，同样计算出了 2A12 铝合金点蚀模型腐蚀时阳极电流密度随时间的变化曲线，与上一个模型类似，该模型 2A12 铝合金的腐蚀电流密度依然随着时间的增长先减小后增大。腐蚀初期，稳定的第二相 Al_2Cu 作为主要阴极，组成活化—钝化电池，导致腐蚀较快（事实上钝化膜也会加速腐蚀），故初始电流密度较大，达到 $17A/m^2$。随着反应的进行，反应生成的 $Al(OH)_3$ 覆盖住蚀坑表面，导致其阳极电流密度急剧减小，在 $T=25h$ 时电流密度降到 $4A/m^2$ 左右。由于腐蚀产物的阻碍作用，虽然腐蚀继续进行，但阳极电流增加缓慢，且蚀坑表面积急剧增加，整个腐蚀电流密度依然缓慢减小，并在 $T=75h$ 时到达最低点。此时，蚀坑周围基体中产生新的点蚀，点蚀逐渐演化为晶间腐蚀，腐蚀电流密度逐渐增大，最终发展为全面腐蚀，在 $T=240h$ 时整个模型几乎全部腐蚀。

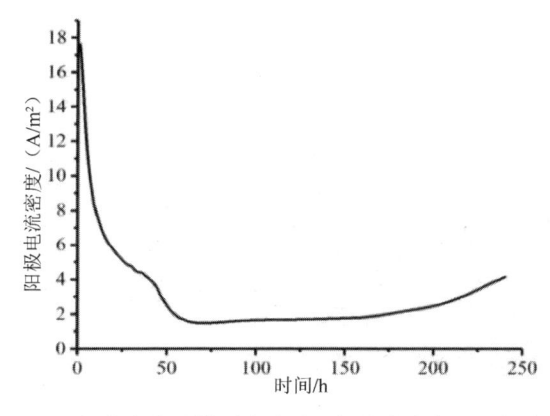

图 1-11　2A12 铝合金点蚀模型腐蚀时阳极电流密度随时间的变化曲线

1.2.3 钝化膜缺陷电化学腐蚀宏观仿真结果与分析

1）2A12铝合金钝化膜缺陷电化学腐蚀表面电位与电流分布云图

图1-12所示为2A12铝合金钝化膜缺陷电化学腐蚀表面电位分布云图,其中等势线上的箭头指向表示表面电流的方向,箭头大小和密度表示表面电流密度。固定初始条件盐负荷密度LD=0.5g/m^2,金属表面相对湿度RH=0.8,从图1-12中可以看到,在基体与第二相Al$_2$Cu交界处可以清晰地观察到颜色的变化和等势线分布,即电位的变化。在远离交界处,金属表面的电解液薄膜电位几乎不发生变化,这说明电位变化主要集中在基体与第二相的交界处。通过观察云图中颜色变化和等势线分布可知,对于2A12铝合金基体,在交界处的电解液薄膜电位明显降低,这可能是由于铝合金基体表面的电解液薄膜在交界处的Al^{3+}向第二相表面的液膜中迁移,而第二相表面液膜中的OH$^-$也会向铝合金基体表面液膜中迁移。由于液膜中的物质传输的主要方式是扩散,迁移动力不强,因此Al^{3+}和OH$^-$迁移缓慢,主要只集中在两相交界处,远离交界离子迁移能力较弱,故远离交界处没有明显的电位变化。由观察云图中不同尺寸第二相表面和周围基体的颜色变化和等势线分布可知,大尺寸第二相周围的铝合金基体电位下降幅度比小尺寸第二相周围的铝合金基体电位下降幅度要大,这是因为大尺寸第二相与铝合金基体接触面积较大,交界处铝合金基体表面电解液薄膜单位时间内向第二相表面迁移的Al^{3+}数量比小尺寸多,即表面电流较大（见图1-12等势线上的箭头所示）,所以大尺寸第二相周围基体表面电位下降幅度更大。但由于大尺寸第二相表面OH$^-$含量比小尺寸第二相表面高,且Al^{3+}迁移到第二相表面中心的路径也比小尺寸长,这双重作用使得大尺寸第二相表面电位依然低于小尺寸第二相表面电位。

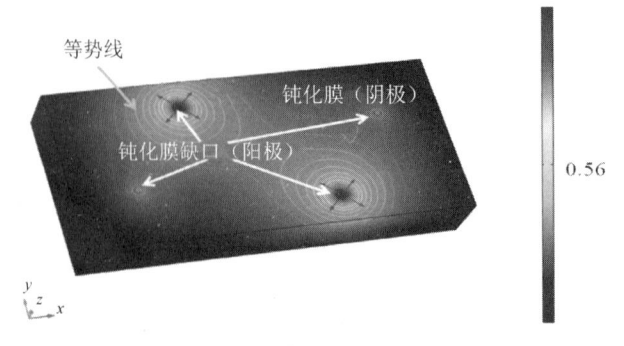

图1-12 2A12铝合金钝化膜缺陷电化学腐蚀表面电位分布云图

图 1-13 所示为 2A12 铝合金钝化膜缺陷电化学腐蚀表面电流分布云图。同样固定初始条件盐负荷密度 LD=0.5g/m², 金属表面相对湿度 RH=0.8, 从图 1-13 中可以看到, 在铝合金基体与第二相 Al₂Cu 交界处有清晰的颜色变化, 即电流密度大小的变化, 越靠近第二相电流密度越大, 在远离交界处, 金属表面的电解液薄膜几乎没有电流, 这说明电流变化主要集中在基体与第二相的交界处。这可能是由于铝合金基体表面的电解液薄膜在交界处的 Al^{3+} 向第二相表面的液膜中迁移, 而第二相表面液膜中的 OH^- 也会向铝合金基体表面电解液薄膜中迁移。由于液膜中的物质传输的主要方式是扩散, 迁移动力不强, Al^{3+} 和 OH^- 迁移缓慢, 主要只集中在两相交界处, 远离交界处的离子迁移能力较弱, 迁移速度较慢, 故远离交界处没有明显的电流, 因此腐蚀主要发生在基体相和第二相交界处。由观察云图中不同尺寸第二相周围基体的颜色变化程度可知, 大尺寸第二相周围的铝合金基体电流密度比小尺寸第二相周围的铝合金基体电流密度要大, 这是因为大尺寸第二相与铝合金基体接触面积较大, 交界处铝合金基体表面电解液薄膜单位时间内向第二相表面迁移的 Al^{3+} 数量比小尺寸多, 即表面电流较大。由此可知, 大尺寸第二相对腐蚀的促进作用强于小尺寸第二相对腐蚀的促进作用。

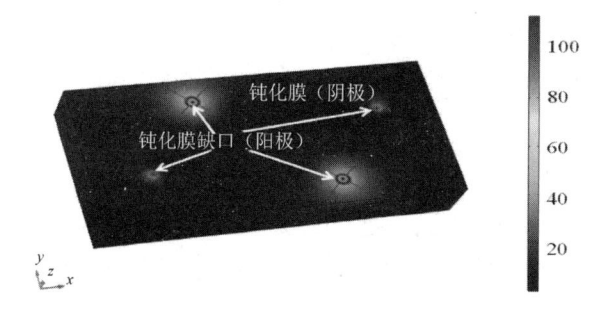

图 1-13　2A12 铝合金钝化膜缺陷电化学腐蚀表面电流分布云图

2) 2A12 铝合金第二相腐蚀形貌计算结果

在 COMSOL 软件中创建一个对应的横截面微观结构, 如图 1-14 所示, 它由暴露在电解液中的铝合金基体 (α相) 和钝化膜 (β相) 组成。图 1-14 中所示横截面微观结构由插值函数 micro(x,y)表示, 数值 0 和 1 分别表示α相 (铝合金基体) 和β相 (钝化膜)。该模型尺寸为 100μm×25μm, 钝化膜厚度为 1μm, 缺口直径 d=5μm。

点蚀模型用到的是 COMSOL 中的腐蚀, 二次电流接口, 只用来探索某一固定电导率条件下 2A12 铝合金第二相腐蚀变形随时间的变化, 本模型中不考虑电解液薄膜厚度对腐蚀变形的影响, 只把电解液薄膜中电导率当成唯一自变量。本模型定义金属表面相对湿度 RH=0.98，由 Chen 等人的论文可知此时电解液薄膜的电导率 σ=2.5S/m。

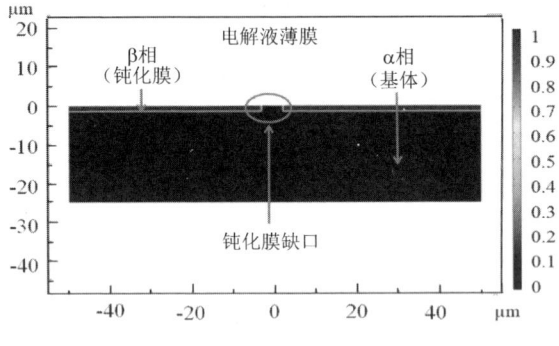

图 1-14 COMSOL 中创建的点蚀模型微观结构

图 1-15 所示为 2A12 铝合金点蚀模型不同时刻的腐蚀程度。如图 1-15（a）所示，2A12 铝合金点蚀还未开始，其为对称结构，坐标轴 0 刻度线以下区域为 2A12 铝合金，尺寸为 100μm×25μm，表层是一层有缺口的钝化膜，钝化膜厚度为 1μm，缺口直径 d=5μm。坐标轴 0 刻度线以上区域为电解液（质量分数为 3.5%的氯化钠溶液），尺寸为 100μm×50μm。腐蚀主要发生在电解液薄膜与合金界面处，考虑到计算精度，界面处划分为极细网格，同时为了减小计算量，电解液薄膜区划分为一般大小网格。

随着时间推移，NaCl 溶液从钝化膜缺口逐渐渗入活性的铝合金基体中，未受破坏的钝化膜为阴极，组成活化—钝化电池，很快产生点蚀，T=25h 的蚀坑形态如图 1-15（b）所示。随着反应的不断进行，蚀坑不断扩大，T=150h 的蚀坑形态如图 1-15（c）所示。当 T=175h 时，如图 1-15（d）所示，蚀坑依然继续增大，同时周围基体开始产生新的点蚀，点蚀逐渐向周围晶粒扩散。之后，周围的基体也随着反应开始腐蚀，如图 1-15（e）所示，T=280h 时整个基体几乎腐蚀殆尽。

如图 1-16 所示，利用有限元计算出该模型腐蚀时阳极电流密度随时间的变化曲线，结果表明，该模型 2A12 铝合金的腐蚀电流密度随着时间的增长先减小后增大，这与电化学测试结果类似。腐蚀初期，裸露的基体与钝化膜组成小阳极、大阴极的腐蚀电池，导致腐蚀较快，故初始电流密度较大，达到 16A/m²。随着反应的进行，基体中的 Al 失去电子成为 Al^{3+}，而钝化膜处发生吸氧腐蚀生成 OH^-，游离的 OH^- 与 Al^{3+} 反应生成难溶 $Al(OH)_3$，生成的 $Al(OH)_3$ 覆盖住蚀坑表面，阻碍了表面活性并抑制腐蚀过程，导致其阳极电流密度急剧减小。在 T=25h 时电流密度降到 4A/m² 左右。

之后由于腐蚀产物的阻碍作用，阳极电流增加缓慢，但蚀坑表面积急剧增加，导致整个腐蚀电流密度依然缓慢减小，并在 $T=175h$ 时到达最低点，此时蚀坑最大深度达到 25μm，并在周围基体中产生新的点蚀，使周围晶粒也产生腐蚀，点蚀逐渐演化为晶间腐蚀。随后，周围晶粒开始腐蚀，腐蚀电流密度逐渐增大，晶间腐蚀最终发展为全面腐蚀，在 $T=280h$ 时整个基体几乎全部腐蚀。

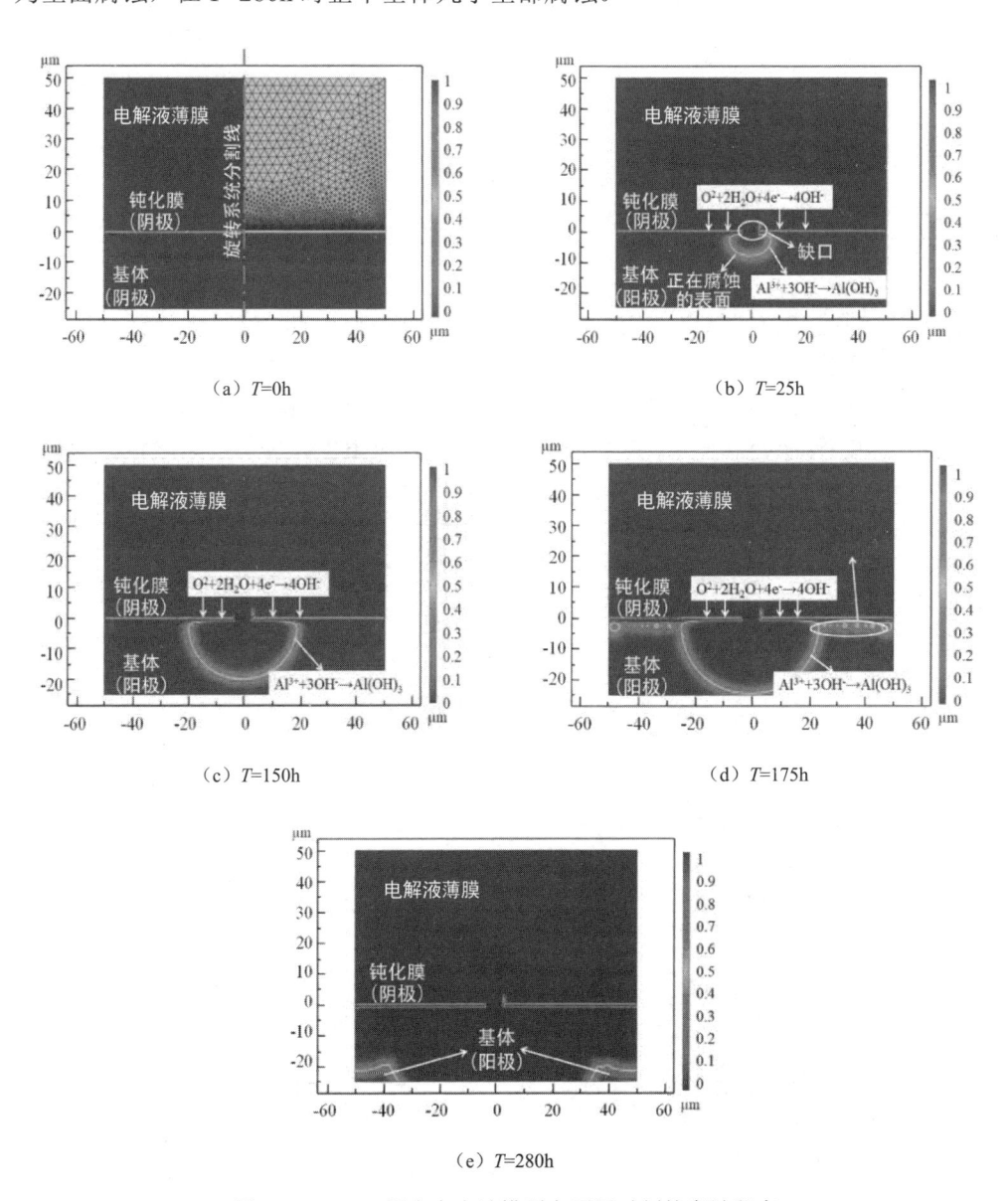

（a）$T=0h$

（b）$T=25h$

（c）$T=150h$

（d）$T=175h$

（e）$T=280h$

图 1-15　2A12 铝合金点蚀模型在不同时刻的腐蚀程度

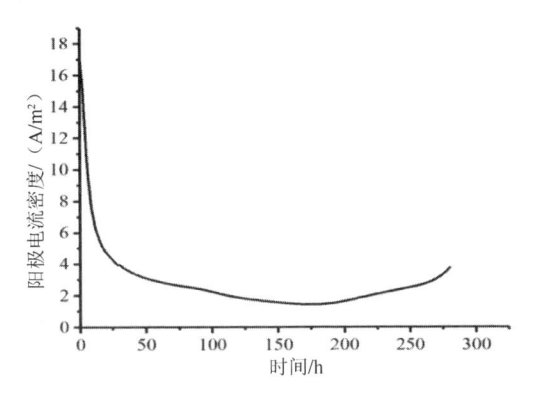

图 1-16 2A12 铝合金点蚀模型腐蚀时阳极电流密度随时间的变化曲线

3）阳极电流密度对比分析

如图 1-17 所示，将以上两个模型的阳极平均电流密度曲线合在一个坐标系中，可以更直观地看出两种条件下腐蚀的区别。两者腐蚀起始电流密度大小几乎一样，但合金中有第二相时前期电流速度下降更快，在 $T=75h$ 时即下降到最低点，而没有第二相时，在 $T=175h$ 时才达到最低点，表明合金中有第二相时前期 $Al(OH)_3$ 的沉积速率更快，即腐蚀速率更快。之后，电流密度提升速率也大于不含第二相时的电流密度提升速率，表明点蚀坑周围基体腐蚀速率也更快，且在 $T=240h$ 时即被腐蚀殆尽，而没有第二相时达到同样效果需要 280h。这些都表明，第二相的存在会加速合金的腐蚀。

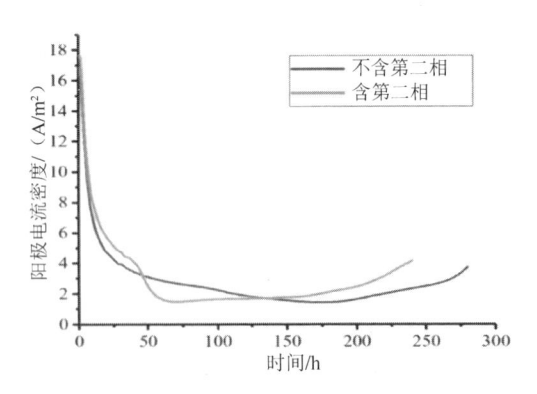

图 1-17 2A12 铝合金点蚀模型含第二相与不含第二相时阳极电流密度对比图

1.2.4 2A12 铝合金典型电偶腐蚀宏观仿真过程与结果分析

1）金属表面电流密度与电位分布云图

采用 COMSOL 计算得到了两种金属表面的电解液薄膜电位分布云图，如图 1-18

所示。固定初始条件盐负荷密度LD=0.5g/m²，金属表面相对湿度RH=0.8，从图1-18中可以看到，两种金属只在交界处可以清晰地观察到颜色变化，即电位的变化，在远离交界处，可以看到两种金属表面颜色几乎不发生变化，即电解液薄膜电位几乎不发生变化。对于2A12铝合金，在交界处的电解液薄膜电位降低，而对于Fe，其电解液薄膜电位在交界处升高。这可能是由于在交界处，2A12铝合金表面电解液薄膜中的Al^{3+}向Fe表面的液膜中移动，而Fe表面液膜中的OH^-也会向铝合金表面电解液薄膜中迁移。由于液膜中的物质传输方式主要是扩散与迁移，电解液处于稳定状态，物质传输较慢，因此Al^{3+}和OH^-移动缓慢，主要只集中在两种金属交界处，远离交界处并无大量离子的迁移，故没有明显的电位变化。

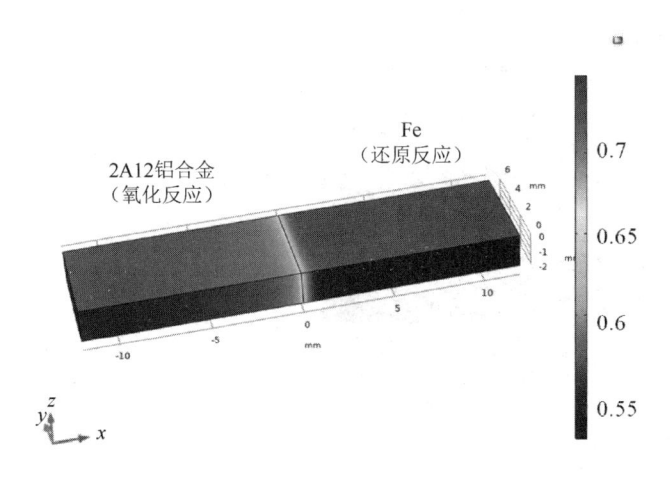

图1-18　电解液薄膜电位分布云图

在两种金属的交界处，2A12铝合金中的Al不断失去电子成为Al^{3+}，进而溶解在电解液薄膜中，导致2A12铝合金产生电化学腐蚀。两种金属交界处极细微尺寸下的二维腐蚀形貌变化，如图1-19所示，两种金属宽度分别为100μm，可以看到随着时间的增长，2A12铝合金被不断腐蚀，图中T为腐蚀时间，H为腐蚀深度。在T=0h时，腐蚀深度H=0μm；在T=5h时，腐蚀深度H=10μm；在T=11h时，腐蚀深度H=20μm；在T=25h时，腐蚀深度H=40μm，根据计算结果可知2A12铝合金的腐蚀深度在数值上约为腐蚀时间的2倍。

图1-20所示为两种金属表面电解液薄膜中的腐蚀电流密度分布云图。初始条件固定为盐负荷密度LD=0.5g/m²，金属表面相对湿度RH=0.8，从图1-20中可以清晰地看到，颜色变化仅在两种金属的交界处，即腐蚀电流主要集中在两种金属的交界

处，所以腐蚀主要发生在 2A12 铝合金和 Fe 的交界处。因为两种金属本身活动性不同，两者直接接触，与表面覆盖的电解液薄膜构成一个完整的腐蚀体系，腐蚀电流的形成主要是因为 2A12 铝合金中的 Al 失去电子成为 Al^{3+}，电子从铝合金直接传输到 Fe 中，所以 Fe 表面电子积聚，电位降低。与此同时，交界处的 Al^{3+} 通过电解液薄膜传递到 Fe 表面，Fe 表面液膜中由于 O_2 溶解形成的 OH^- 也会向铝合金表面电解液薄膜中传递，因此形成电化学腐蚀电流。由于液膜中 Al^{3+} 和 OH^- 的传输方式主要是扩散与电迁移，电解液处于稳定状态，Al^{3+} 和 OH^- 为稳态扩散，传输较为缓慢，主要只集中在两种金属交界处，远离交界处并无大量离子的传输，因此离交界较远处并无明显的腐蚀电流产生。

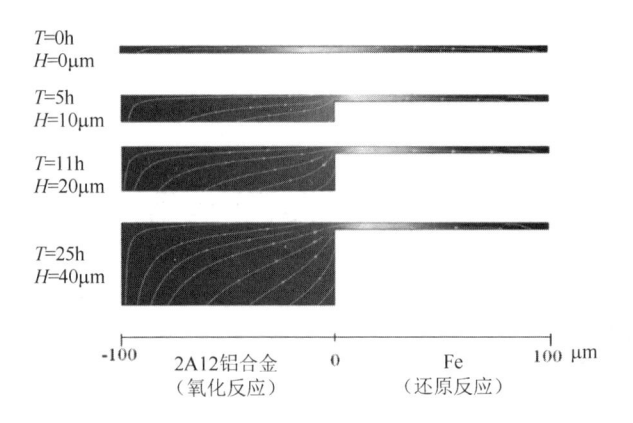

图 1-19　2A12 铝合金与 Fe 交界处在极细微尺寸下的二维腐蚀形貌变化

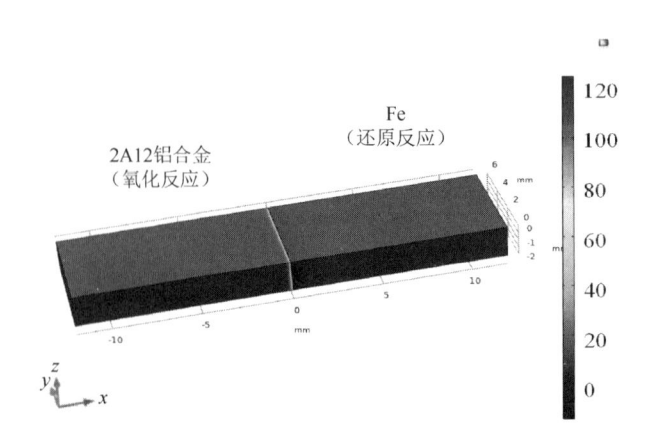

图 1-20　两种金属表面电解液薄膜中的腐蚀电流密度分布云图

2）电解液薄膜中的电流密度和电位计算结果

图 1-21 所示为金属表面电解液薄膜在不同位置的电位分布。同样，固定初始条件盐负荷密度 LD=0.5g/m², 金属表面相对湿度 RH=0.8。图 1-21 中箭头表示电流密度，从箭头方向可以看出，在金属表面电解液薄膜中 x 方向上，电流方向是从铝合金表面指向 Fe 的表面，且不管从箭头密度还是从电解液薄膜颜色分布来看，金属交界处电位变化最大，远离交界处的地方电位几乎不发生改变。这也证明了图 1-14 的论述，金属交界处表面的液膜中，Al^{3+} 由铝合金表面迁移到 Fe 表面，同时 Fe 表面液膜中的 OH^- 也会向铝合金表面电解液薄膜中迁移，所以电流方向为铝合金表面指向 Fe 表面，且液膜中离子的传输使得 2A12 铝合金表面电位下降，Fe 表面电位升高。由于电解液薄膜中物质传输缓慢，Al^{3+} 很难迁移到远离交界处的地方，所以远离交界处电解液薄膜中的电位无明显变化。

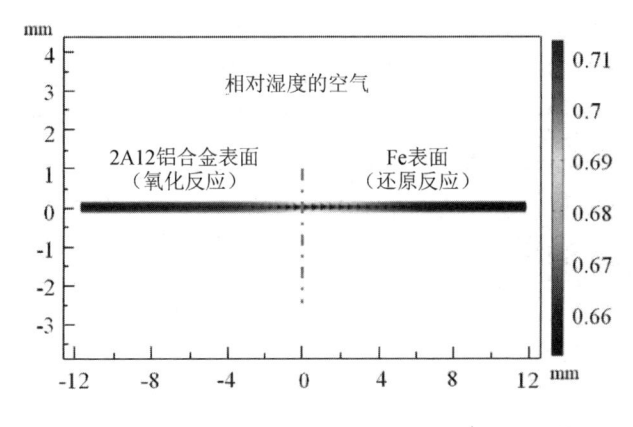

图 1-21 金属表面电解液薄膜在不同位置的电位分布

图 1-22 和图 1-23 分别显示了在盐负荷密度 LD=0.5g/m² 和相对湿度 RH=0.8～0.98 的条件下，金属表面电解液薄膜的局部电流密度大小和电位大小情况。如图 1-22 所示，在铝合金表面电解液薄膜中，远离交界处电流密度较小，越靠近交界处 x=0 时电流密度越大，这是因为在 x=0 处 Al^{3+} 和 OH^- 的传输通量最大，随着不断远离交界处（x 越小），Al^{3+} 和 OH^- 的传输通量不断减小，故电流密度也不断减小。在 Fe 表面的液膜中，同样是越靠近交界处 x=0 电流密度越大，随着不断远离交界处（x 越大），Al^{3+} 和 OH^- 的传输通量不断减小，故电流密度也不断减小。同时，从图 1-22 中也可以看出，当盐负荷密度 LD=0.5g/m² 时，在靠近交界处不同相对湿度条件下的局部电流密度几乎没有区别，也就是说此时相对湿度对金属表面局部电流的大小不起主要控制作用。

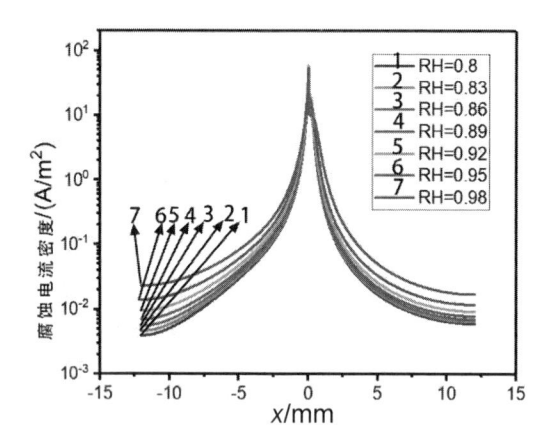

图 1-22　盐负荷密度为 0.5g/m² 时，不同相对湿度条件下电解液薄膜中各点局部电流密度大小

如图 1-23 所示，在铝合金表面电解液薄膜中，从左到右各点电位一直在减小，尤其是在金属交界 $x=0$ 处，电位迅速减小，这是因为靠近交界处的两边电位差相对于其他地方较大，即该地方的电场强度较大，导致交界处 Al^{3+} 和 OH^- 迁移动力相对于其他地方较大。在交界处，Al^{3+} 由阳极表面向阴极表面迁移，同时，OH^- 由阴极表面向阳极表面迁移，这两种离子的迁移均能降低阳极表面电解液中的电位，升高阴极表面电解液中的电位，这种情况在交界处最为明显，所以从图 1-23 中可以看到在金属交界 $x=0$ 处的附近两边，电位明显降低，而远离交界的地方，不管是阳极还是阴极表面，液膜中电场强度相对较弱，电位下降并不明显。并且可以看出在盐负荷密度 $LD=0.5g/m^2$ 条件下，任一点处的相对湿度 RH 对该点的电位大小几乎没有影响。

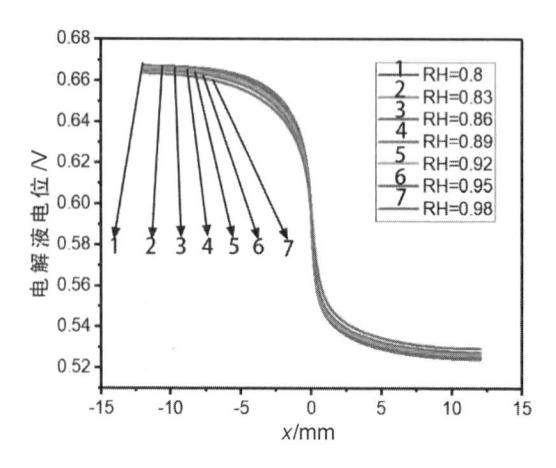

图 1-23　盐负荷密度为 0.5g/m² 时，不同相对湿度条件下电解液薄膜中各点电位大小

图 1-24 和图 1-25 分别为在相对湿度 RH=0.8 和盐负荷密度 LD=0.5~7g/m² 的条件下，金属表面电解液薄膜在不同位置的局部电流密度大小和电位大小。如图 1-24 所示，在铝合金表面电解液薄膜中，远离交界处电流密度较小，越靠近交界处 x=0 电流密度越大，这是因为在 x=0 处 Al^{3+} 和 OH^- 的传输通量最大，随着不断远离交界处（x 越小），Al^{3+} 的传输通量不断减小，故电流密度也不断减小。而在 Fe 表面的电解液薄膜中，同样是越靠近交界处 x=0 电流密度越大，随着不断远离交界处（x 越大），Al^{3+} 和 OH^- 的传输通量不断减小，故电流密度也不断减小。但图 1-24 中 Fe 表面电流密度在接近 x=0 处其大小随着盐负荷密度 LD 的增大而明显减小，虽然盐负荷密度 LD 的增大能提高电解液薄膜的电导率，促进反应的进行，但同时会增加膜厚，使氧在电解液中输送长度增加，阻碍反应的进行，氧在的电解液薄膜中的溶解度和扩散系数并无变化。Fe 表面靠近交界处，盐负荷密度 LD 的增大使得膜厚增加，氧在电解液中输送长度增加，从而阻碍反应的进行，这一反向作用占主导地位，所以电流密度在接近 x=0 处，其大小随着盐负荷密度 LD 的增大而明显减小。在远离交界处，盐负荷密度 LD 的增大使电解液薄膜的电导率提高，从而促进反应的进行，这一正向作用占主导地位，所以电流密度在远离 x=0 处，其大小随着盐负荷密度 LD 的增大而增大。

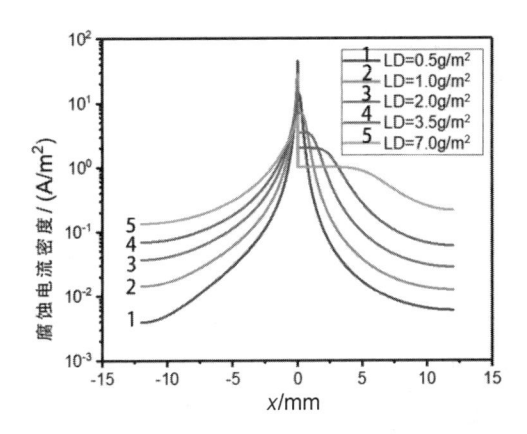

图 1-24 相对湿度为 0.8 时，不同盐负荷密度条件下电解液薄膜中各点局部电流密度大小

如图 1-25 所示，在铝合金表面电解液薄膜各点电位也是从左到右一直在减小的，在金属交界 x=0 处，电位也是迅速减小的，靠近交界处的两边电位差相对于其他地方较大，即该地方的电场强度较大，导致交界处 Al^{3+} 和 OH^- 迁移动力相对于其他地方较大。在交界处，Al^{3+} 由阳极表面向阴极表面迁移，同时 OH^- 由阴极表面向阳极表

面迁移，这两种离子的迁移均能降低阳极表面电解液中的电位，升高阴极表面电解液中的电位，这种情况在交界处最为明显，所以从图1-25中可以看到，在金属交界$x=0$附近，电位明显降低，而远离交界的地方，不管是阳极还是阴极表面，液膜中电场强度相对较弱，电位下降相对并不明显。在相对湿度RH=0.8的条件下，盐负荷密度LD对液膜中各点电位大小有一定的影响，LD越大，则电位曲线相对越平滑，这是由于液膜中盐负荷密度越大，电导率越高，从而增强了电解液薄膜的导电能力。Al^{3+}和OH^-等离子在电解液薄膜中的迁移能力越强，比起低盐负荷密度时能迁移到更远的位置，从而降低它们在金属交界处的积聚程度，也降低了整个电解液薄膜的电场强度梯度，减小了电解液薄膜中各点电位大小的差异，盐负荷密度越高，则阳极表面电位下降越快，阴极表面电位上升也越快，故整条曲线看上去比低盐负荷密度条件下相对平滑。对比可知，盐负荷密度LD对电解液薄膜各点电位大小的影响比相对湿度RH的影响要大。

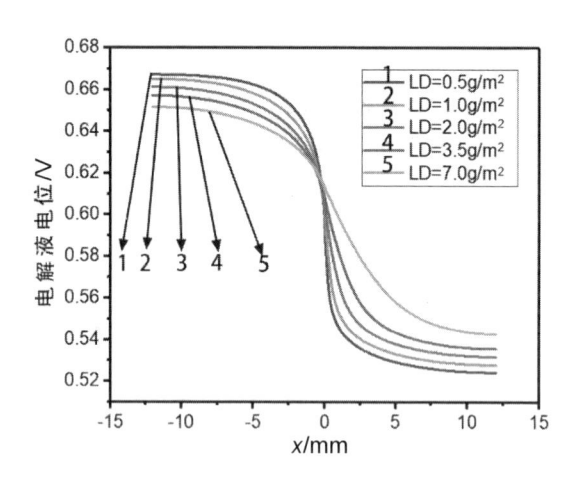

图1-25 相对湿度为0.8时，不同盐负荷密度条件下电解液薄膜中各点电位大小

图1-26和图1-27分别显示了在盐负荷密度LD=7.0g/m²和氧溶解度C_{sol}=0.06~0.26mol/m³的条件下，金属表面电解液薄膜在不同位置的局部电流和电位大小。如图1-26所示，在铝合金表面电解液薄膜中，远离交界处电流密度快速减小，越靠近交界处$x=0$电流密度越快速变大，这是因为在$x=0$处Al^{3+}和OH^-的传输通量最大。随着不断远离交界处（x越小），Al^{3+}的传输通量不断减小，故电流密度也不断减小。在Fe表面的电解液薄膜中，同样是越靠近交界处$x=0$电流密度越大，随着不断远离交界处（x越大），Al^{3+}和OH^-的传输通量不断减小，故电流密度也不断减小。从

图 1-26 中可以明显地看出，随着液膜中氧溶解度 C_{sol} 的增大，金属交界处附近电流密度明显增大。这是因为随着氧溶解度 C_{sol} 的增大，液膜中尤其是阴极表面 OH^- 含量增多，且在高的盐负荷密度条件下，液膜电导率较大，反应足够快，所以 OH^- 生成的越多，电化学腐蚀反应越剧烈，而反应主要集中在金属交界处附近，所以氧溶解度越大，交界处附近电流密度越大。远离交界处由于反应不强烈，所以电流密度几乎不发生变化。

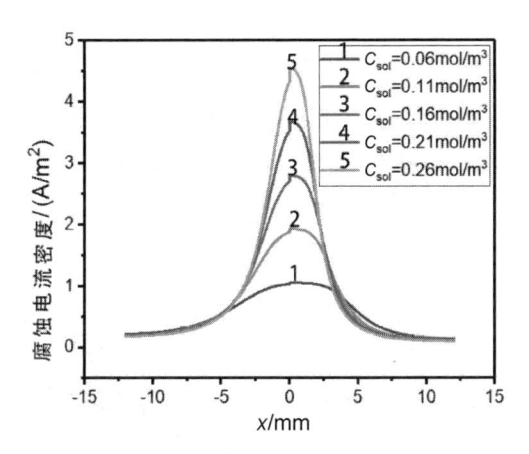

图 1-26 盐负荷密度为 $7.0g/m^2$ 时，不同氧溶解度条件下电解液薄膜中各点局部电流密度大小

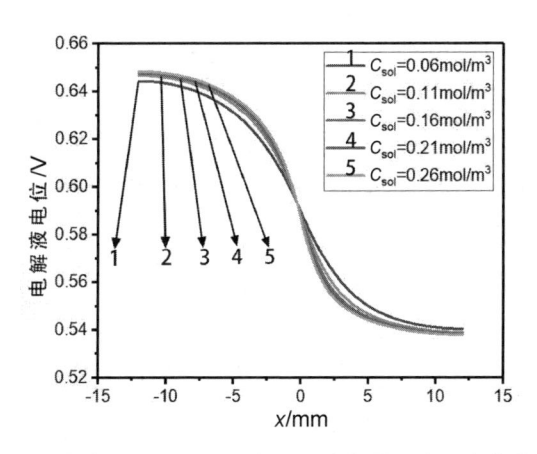

图 1-27 盐负荷密度为 $7.0g/m^2$ 时，不同氧溶解度条件下电解液薄膜中各点电位大小

如图 1-27 所示，在铝合金表面电解液薄膜各点电位也是从左到右一直减小的，在金属交界 $x=0$ 处，电位也是迅速减小的，靠近交界处的两边电位差相对于其他地方较大，即该地方的电场强度较大，导致交界处 Al^{3+} 和 OH^- 迁移动力相对于其他地

方较大。在交界处，Al^{3+}由阳极表面向阴极表面迁移，同时，OH^-由阴极表面向阳极表面迁移，这两种离子的迁移均能降低阳极表面电解液中的电位，升高阴极表面电解液中的电位，这种情况在交界处最为明显，所以从图1-27中可以看到，在金属交界 $x=0$ 处附近，电位明显降低，而远离交界的地方，不管是阳极还是阴极表面，液膜中电场强度相对较弱，电位下降相对并不明显。在盐负荷密度 $LD=7.0g/m^2$，氧溶解度 $C_{sol}=0.06\sim0.26mol/m^3$ 条件下，氧溶解度 C_{sol} 对液膜中各点电位大小几乎没有影响，可能是因为 C_{sol} 的增大能使阴极表面液膜中生成更多的 OH^-，能促进腐蚀的发生，但在高的盐负荷密度条件下，液膜中的电导率足够大，交界处反应的速度足够快，即 OH^-被消耗的足够快，在 $C_{sol}=0.06\sim0.26mol/m^3$ 条件下，氧溶解度越大，生成的 OH^-越多，但消耗的也越快。液膜在高氧溶解度的情况下，并不会比低氧溶解度情况下积聚更多的 OH^-，因此在该范围内氧溶解度的大小对液膜中各点的电位几乎没有影响。

由电解液薄膜中的控制方程可知，金属表面平均电流密度是一个关于相对湿度 RH 和盐负荷密度 LD 的二元函数，为了进一步探索它们的关系，利用 COMSOL 计算了 2A12 铝合金（阳极）表面的平均电流密度与相对湿度 RH 和盐负荷密度 LD 的关系曲线。

图 1-28 显示了不同盐负荷密度 LD 条件下，2A12 铝合金表面的平均电流密度与相对湿度 RH 的关系曲线。由图 1-28 可知，随着相对湿度 RH 的增大，不同盐负荷密度 LD 条件下的阳极表面平均电流均先增大后减小。当 $LD=0.5\sim3.5g/m^2$ 时，在 RH=0.96 时平均电流密度到达最大值，随后减小。可能是因为随着相对湿度 RH 的增大，虽然氧在电解液薄膜中的溶解度和扩散系数增大，使得 Fe（阴极）表面液膜中生成更多的 OH^-，有助于阳极表面反应的进行，但由于液膜的厚度增加使氧在电解液中输送长度增加，减少 Fe（阴极）表面液膜中 OH^-，阻碍阳极表面反应的进行。由于这种双向作用的存在，当 RH 小于 0.96 时，RH 的增大使氧在的电解液薄膜中的溶解度和扩散系数增大，从而促进反应这一正向作用占主导地位，故随着 RH 的增大，阳极表面平均电流密度增大；当 RH 大于 0.96 时，液膜的厚度增加使氧在电解液中输送长度增加，从而阻碍反应的进行这一反向作用占主导地位，故此时随着 RH 的增大，阳极表面平均电流密度减小。当盐负荷密度 $LD=7.0g/m^2$ 时，在 RH=0.94 时这种反向作用就已占主导地位，之后随着 RH 的增大，其表面平均电流密度迅速减小。当 RH 小于 0.94 时，在不同盐负荷密度 LD 条件下，相对湿度 RH 的增大使氧在的电解液薄膜中的溶解度和扩散系数增大，促进反应的进行这一正向作用均占主导地位，

故阳极平均电流密度均随着相对湿度 RH 的增大而增大，且在同一相对湿度 RH 时，随着盐负荷密度 LD 的增大，液膜中 Cl⁻ 含量越高，电导率越大，从而使阳极表面平均电流密度随着盐负荷密度 LD 的增大而增大。

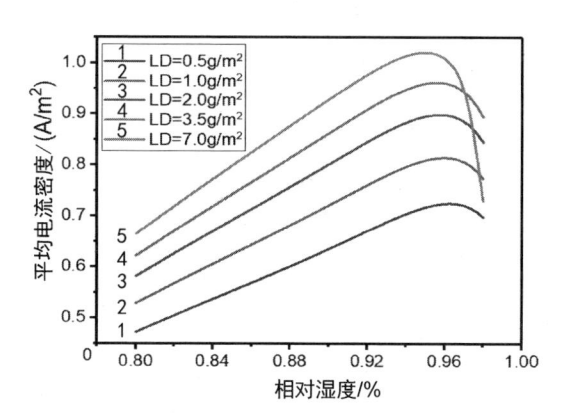

图 1-28　2A12 铝合金表面平均电流密度与相对湿度的关系曲线

图 1-29 显示了不同相对湿度 RH 条件下，2A12 铝合金表面的平均电流密度与盐负荷密度的关系曲线。当 RH=0.8～0.95 时，阳极表面平均电流密度随着盐负荷密度的增大而增大，这是由于盐负荷密度的增加使液膜中 Cl⁻ 的含量增加，从而提升了液膜的电导率，促进反应进行这一正向作用占主导地位，提高了 Al^{3+} 和 OH^- 的扩散速率，从而使表面平均电流密度增加，且在相同盐负荷密度条件下，阳极表面平均电流密度随着 RH 增大而增大，这是由于相对湿度的增大使氧在的电解液薄膜中的溶解度和扩散系数增大这一正向作用占主导地位，增加了阴极表面液膜中 OH^- 的含量，促进了腐蚀的发生，从而增大阳极表面平均电流密度。当相对湿度 RH=0.98 时，阳极表面平均电流密度随着盐负荷密度的增大先增大再减小，在 RH=0.98 条件下，当盐负荷密度小于 $5.0g/m^2$ 时，阳极表面平均电流密度也随着盐负荷密度的增大而增大，但其大小小于 RH=0.95 时相同盐负荷密度条件下的电流密度，这是由于此时 RH 的增大，液膜的厚度增加使氧在电解液薄膜中输送长度增加，减缓 OH^- 的生成，从而阻碍反应这一反向作用占主导地位，使表面平均电流密度减小；当盐负荷密度大于 $5.0g/m^2$ 时，阳极表面平均电流密度也随着盐负荷密度的增大而迅速减小，这是由于此时盐负荷密度增加，液膜的厚度增加使氧在电解液薄膜中输送长度增加，阻碍反应进行这一反向作用占主导地位，再加上此时相对湿度的增大使液膜厚度增加也会加剧这一反向作用，故随后的平均电流密度急剧减小。

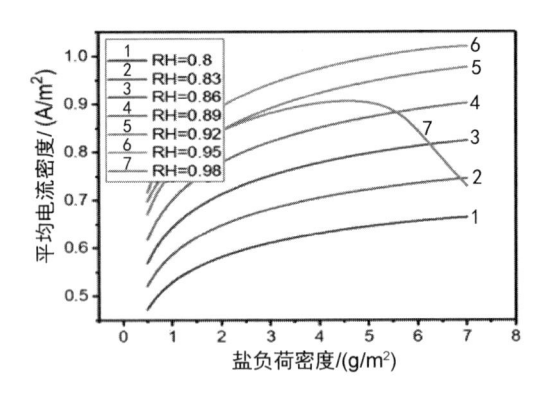

图 1-29　2A12 铝合金表面平均电流密度与盐负荷密度的关系曲线

图 1-30 所示为 2A12 铝合金表面平均电流密度与盐负荷密度和相对湿度的关系。通过液膜中的控制方程可知，表面的平均电流密度是一个关于盐负荷密度和相对湿度等因素的多元函数，而为了更直观地反映出这三者之间的关系，利用 Comsol 计算并绘制出了平均电流密度与盐负荷密度和相对湿度的二元函数图像。当 RH<0.96 时，2A12 铝合金表面的平均电流密度随着相对湿度的增大而增大，并且随着盐负荷密度的增大，还会加剧这一结果，这是因为在这个范围内，RH 的增大使得氧在的电解液薄膜中的溶解度和扩散系数增大，盐负荷密度的增加使得液膜中 Cl⁻ 的含量增加，从而提升了液膜的电导率，这种双重促进反应进行的作用占据主导地位，使得在该范围内平均电流密度随着 RH 和 LD 的增大而增大，由图 1-30 可以看出，大约在 RH=0.96，LD=7.0g/m² 时，平均电流密度达到最大，约为 0.93A/m²。当 RH>0.96 时，可以看到随着 RH 的增大，平均电流密度开始减小，这是因为此时液膜的厚度增加使得氧在电解液中输送长度增加，从而阻碍反应的进行这一反向作用占主导地位，还可以看出当 LD 较小（0~1g/m²）或较大时（大于 7g/m²），平均电流密度下降明显加快，这是因为在 RH 较大的条件下，当 LD 为 0~1g/m² 时，液膜的电导率较小，从而减缓反应这一反向作用占主导地位，所以平均电流密度快速减小；当 LD>7g/m² 时，此时盐负荷密度增加，液膜的厚度增加使得氧在电解液中输送长度增加，从而阻碍反应进行这一反向作用占主导地位，所以此时平均电流密度快速减小。

图 1-31 所示为不同盐负荷密度条件下，2A12 铝合金表面的平均电流密度与液膜中氧溶解度（C_{sol}）的关系曲线。在液膜中，氧溶解度是关于 RH 的一元函数，所以可以将不同盐负荷密度条件下 2A12 铝合金表面的平均电流密度与相对湿度 RH 的关系曲线，转换为不同盐负荷密度条件下，2A12 铝合金表面的平均电流密度与液膜中氧溶解度的关系曲线，以此可以更直观地观察两者间的关系。当 RH=0.8~0.98 时，

氧溶解度为 0.06~0.26mol/m³，在任一盐负荷密度条件下，阳极表面平均电流密度均随着液膜中氧溶解度的增大而增大，这是因为氧溶解度越大，氧化还原反应越剧烈，由于阴极表面液膜中 OH⁻含量越高，OH⁻离子会促进 Al³⁺的沉积，即会促进腐蚀的发生，所以阳极表面平均电流密度也越大。在某一固定氧溶解度的条件下，盐负荷密度越大，阳极表面平均电流密度也越大，这是由于盐负荷密度的增加使液膜中 Cl⁻的含量增加，提升了液膜的电导率，从而促进反应进行这一正向作用占主导地位，提高了 Al³⁺和 OH⁻的扩散速率，促进反应的发生，从而使阳极表面平均电流密度增加。

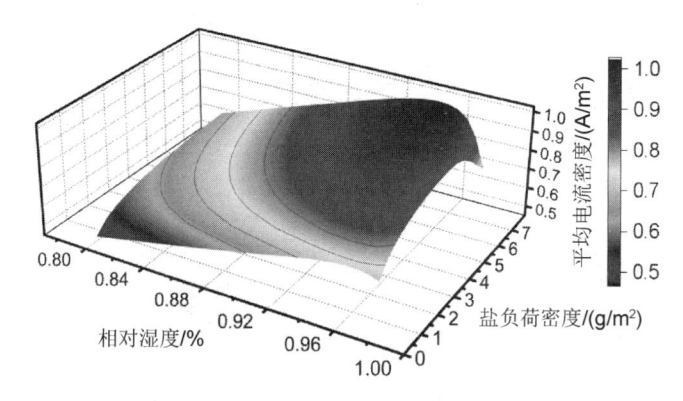

图 1-30　2A12 铝合金表面平均电流密度与盐负荷密度和相对湿度的关系

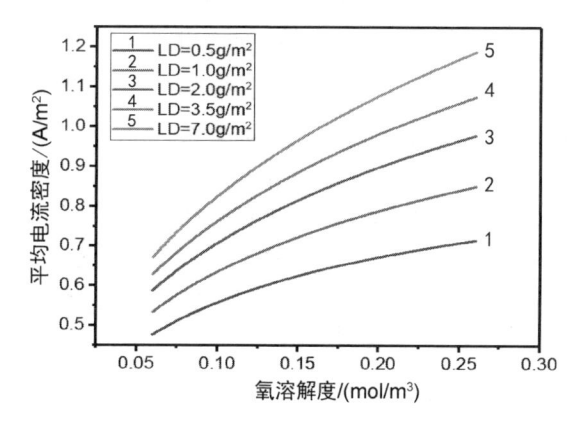

图 1-31　2A12 铝合金表面的平均电流密度与液膜中氧溶解度的关系曲线

图 1-32 所示为 2A12 铝合金表面的平均电流密度与盐负荷密度和氧溶解度的关系。在液膜中氧溶解度是关于相对湿度的一元函数，为了更直观地反映出平均电流密度与盐负荷密度和氧溶解度的关系，利用 Comsol 计算并绘制出了平均电流密度与盐负荷密度和氧溶解度的二元函数图像。由图 1-32 中可以很直观地看出，盐负荷

密度为 0.1~7.0g/m² 和氧溶解度为 0.06~0.26mol/m³ 均对反应的进行起正向作用，即盐负荷密度和氧溶解度越大，腐蚀反应越剧烈，阳极表面平均电流密度越大。

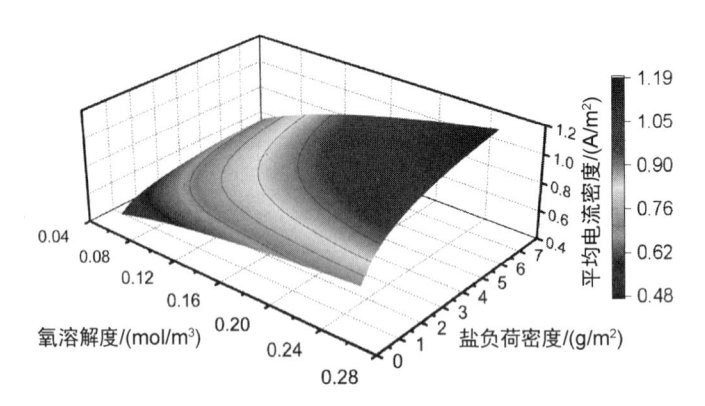

图 1-32　2A12 铝合金表面平均电流密度与盐负荷密度和氧溶解度的关系

1.2.5　归纳分析

1）腐蚀演化仿真

采用有限元计算方式模拟 2A12 铝合金在海洋大气条件下的第二相腐蚀、钝化膜缺陷腐蚀的形貌变化，腐蚀均从点蚀开始，逐渐发展为局部腐蚀，直至全面腐蚀。对于第二相腐蚀，随着反应的不断进行，蚀坑不断扩大，当时间达到 175h 时，蚀坑依然继续增大，且周围的基体也随着反应开始腐蚀，点蚀逐渐演化为晶间腐蚀，之后在时间到达 280h 左右时，整个基体模型几乎腐蚀殆尽；对于钝化膜缺陷腐蚀，随着反应的不断进行，蚀坑不断扩大，当时间达到 175h 时，蚀坑继续增大，且周围的基体也随着反应开始腐蚀，点蚀逐渐演化为晶间腐蚀，之后在时间到达 280h 左右时，整个基体模型几乎腐蚀殆尽，同时利用软件分别计算了两种情形下，阳极表面平均电流密度随时间的变化曲线，结合腐蚀形貌图可知，第二相的存在会加剧腐蚀，而钝化膜缺口对腐蚀的影响并不明显。

2）腐蚀分布仿真

模拟 2A12 铝合金第二相腐蚀、钝化膜缺陷腐蚀、与异种金属直接接触腐蚀这三种情形的大气腐蚀，计算得到金属表面的电流与电位分布云图。根据云图可知，电流大小与电位变化均在阴阳极交界处达到最大，即在交界处腐蚀速率达到最大，因此腐蚀往往最先从第二相边界或金属表面钝化膜缺陷处开始发生，或者是两种不同金属的交界处。而随着与阴阳极交界处距离的增大，腐蚀电流与电位变化密度逐渐减小,即在越均匀的材料属性和环境条件下,腐蚀速率越小。

3)电偶腐蚀演化仿真

对于2A12铝合金与AISI 4340钢直接接触构成的电偶腐蚀,根据腐蚀形貌图可知,2A12铝合金的腐蚀深度几乎随着腐蚀时间的翻倍而翻倍。计算了表面局部电流与电位的大小,数据表明:金属表面局部电流均在阴阳极交界处达到最大值,局部电位也在交界处变化最大,交界处的局部电流密度比边界处的局部电流密度大3~5个数量级,而局部电位从阳极到阴极不断减小,交界处减小最为快速,越远离交界处,变化越缓慢。探索局部电流电位与相对湿度、电解液薄膜中的盐负荷密度、氧溶解度之间的关系,结果表明金属表面局部电流密度(腐蚀速率)、电解液薄膜中氧溶解度影响最大,盐负荷密度影响次之,相对湿度影响最小,且均为正向影响,其表面电位分布则受电解液薄膜中盐负荷密度影响最大,氧溶解度与相对湿度影响很小。

4)电偶腐蚀分布仿真

对于2A12铝合金与AISI 4340钢直接接触构成的电偶腐蚀,用有限元计算2A12铝合金(阳极)表面的平均腐蚀电流密度与相对湿度,电解液薄膜中的盐负荷密度,氧溶解度之间的定量关系,结果表明阳极表面平均电流密度(腐蚀速率)先随着相对湿度的增大而增大,当相对湿度为0.96时达到最大值,随后开始减小,且当相对湿度大于0.96之后,电解液薄膜中的盐负荷密度越大,电流下降越快;平均电流密度随着电解液薄膜中盐负荷密度的增大而增大。当相对湿度超过0.96之后,电流密度整体减小,且先随着盐负荷密度的增大而增大,并在盐负荷密度为$5g/m^2$时达到最大值,之后电流密度随着盐负荷密度的增大而快速减小;电流密度与电解液薄膜中的氧溶解度呈现单纯的正向关系,即随着氧溶解度的增大,电流密度(腐蚀速率)不断增大。

1.3 典型航空铝合金南海大气腐蚀微观仿真

铝表面在空气中会自发形成一层致密的氧化膜(在阳极氧化条件下可以生成厚度更高的氧化膜)。海洋大气中对铝合金起主要腐蚀作用的是Cl^-,以及海洋大气的高湿度环境(大量的H_2O分子)。因此,整个问题可以抽象为如图1-33所示的模型,即在H_2O存在的情况下,Cl^-及相应共存的阳离子对铝合金基体及氧化膜表面的作用。这是一个原子级别混合了物理与化学机制的过程,为了研究其具体机制,需要基于基本物理/化学原理进行原子级别的分析。而第一性原理计算可以在原子层次分析物质的结构与相互作用,还可以结合分子动力学模拟体系中原子的运动行为,是研究微观问题的合适方法。

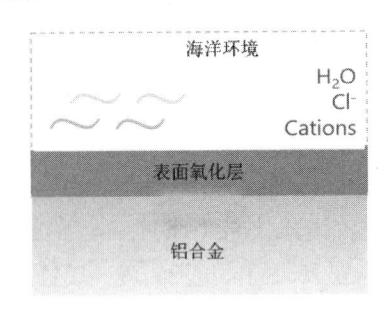

图 1-33　本问题的模型示意图

对研究问题进行简化和范围限定如下。

1) 合金元素只考虑 Cu

2A12 铝合金的元素组成如表 1-1 所示,Cu 元素含量远高于其他合金元素,因此,只考虑 Cu 元素是一个合理的限定。

表 1-1　2A12 铝合金的元素组成

元素	Al	Cu	Mn	Si	Fe	Zr	Ti	Zn	Mg	其他
质量分数/%	其余	6~7	0.4~0.8	0.3	0.3	0.2	0.1~0.2	0.1	0.05	<0.1

另外,2A12 铝合金属于 Al-Cu-Mn 合金,最主要的第二相为 $CuAl_2$,其次为 T($CuMn_2Al_{12}$)相。一方面,当 Mn 元素的含量很低时,T 相的比例也很小(见图 1-34);另一方面,T 相在 Al-Cu-Mn 合金中通常呈弥散点状分布,点状第二相造成的主要影响是局部氧化膜的突起或凹陷。这意味着只会考虑 $CuAl_2$ 的影响,与只考虑 Cu 元素是一致的。

2) 仅考虑海洋大气与氧化膜的作用,忽略与基体的作用

a. 实际应用的铝合金都需要阳极氧化处理,氧化膜厚度很大,基体很难穿过氧化膜对氧化膜表面的原子产生作用。

b. 氧化膜的腐蚀速度通常远低于基体的腐蚀速度,若氧化膜被腐蚀穿透,基体将会被很快腐蚀。因此,在考虑防腐蚀设计和估算腐蚀寿命时,多以氧化膜为主要考虑对象。

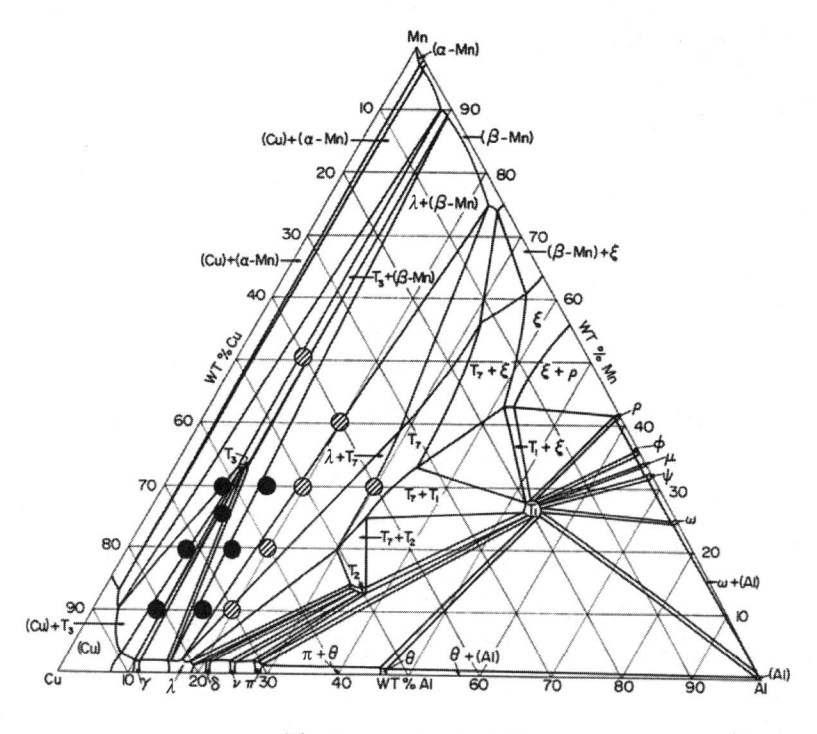

图 1-34 Al-Cu-Mn 相图

c. 忽略基体后，模型构建可以只包含氧化膜，不包含基体，大幅降低了计算量。

3）对海水中的盐类离子只考虑 Na^+ 和 Cl^-，忽略其他成分

在以上限定下，模型只包括 Al-Cu 合金的氧化膜、H_2O 和 NaCl。这在基本保持原问题体系特征的同时，大幅降低了模型的复杂度，并降低了计算量。

Cl^- 对氧化膜破坏的总体过程如图 1-35 所示。

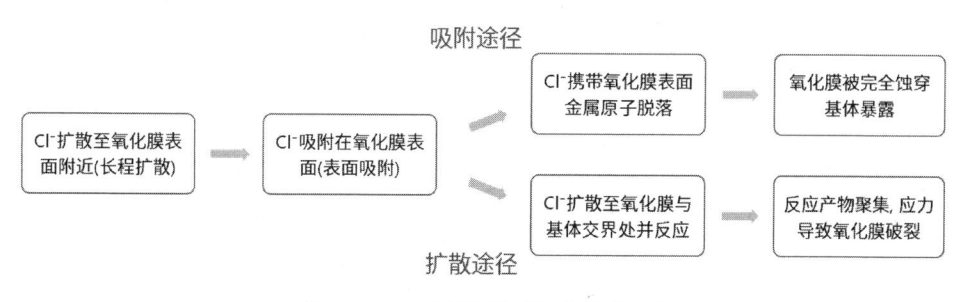

图 1-35 Cl^- 对氧化膜破坏的总体过程

1.3.1 铝合金表面氧化膜模型

1) 自然氧化膜

铝在空气中会自然形成氧化膜,其厚度一般为5~15nm,组成通常为非晶 AlOOH 或 Al(OH)$_3$。

虽然氧化反应 4Al+3O$_2$→2Al$_2$O$_3$ 是自发的,但由于该反应需要处于氧化层下方的铝基体将电子转移至氧化膜表面,因此该反应并非总能发生。研究表明,在自然氧化情形下,这一反应的驱动力源于氧化膜上下表面的相反电荷层,但这一电荷层的强度会随氧化膜层数增加而快速下降至消失,使自然氧化膜的厚度受到限制(见图1-36)。为此,人们开发了铝合金的阳极氧化技术,以获得厚度更大、更致密的氧化层,提高氧化层的保护性能。

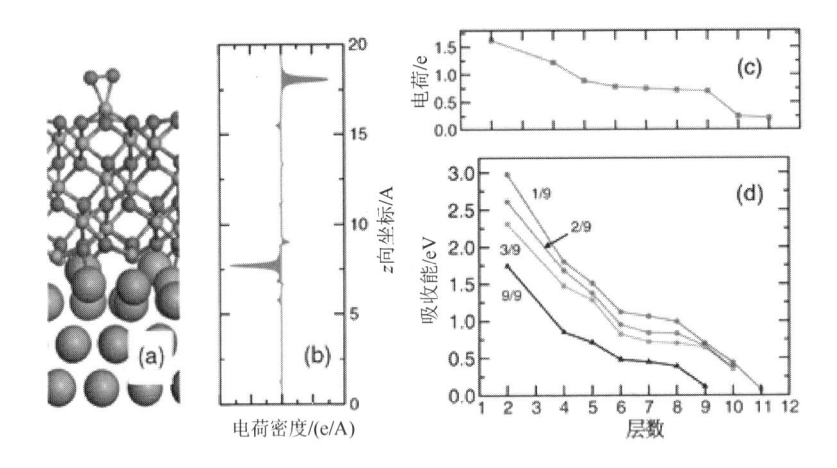

(a) 自然氧化模型示意图,原子:Al、O,最上方的 O$_2$ 分子吸附在氧化膜表面; (b) 氧化膜上下表面的相反电荷层;
(c) 氧化膜表面电荷与层数的关系; (d) 吸附能与层数的关系,曲线旁 x/9 的数字代表 O$_2$ 的覆盖度

图1-36 自然氧化膜厚度有限的原因

2) 阳极氧化膜

阳极氧化是指将待氧化的铝合金作为电解池的阳极,外加电流使铝合金发生氧化反应,以获得更加致密、厚度更大(可达 3~250μm)或具有特殊结构的氧化膜的过程。其反应式可以大致表述为以下形式:

$$2Al + 3H_2O \rightarrow Al_2O_3 + 6H^+ + 6e^- \tag{1-1}$$

$$Al_2O_3 + 6H^+ \rightarrow 2Al^{3+} + 3H_2O \tag{1-2}$$

$$6H_2O + 6e^- \rightarrow 3H_2 \uparrow + 6OH^- \tag{1-3}$$

按形貌分类，阳极氧化膜可分为阻挡型（barrier-type）和多孔型（porous-type）两种形状，如图 1-37 所示。阻挡型氧化膜较为致密，而多孔型氧化膜底部为较致密的氧化膜，上方则为厚度较大、较疏松的多孔层，含有均匀或不均匀排列的空洞，孔径一般为 10～500nm，孔间距为 0.1～1μm。

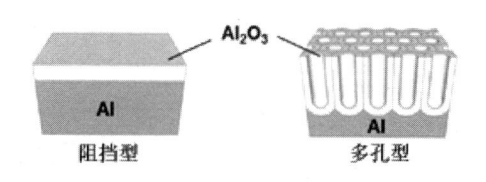

图 1-37 阳极氧化膜的两种形态

关于多孔型氧化膜的形成机制，在阳极氧化的开始阶段，首先形成类似阻挡型的致密氧化膜，高度大致是均匀的，但是存在小的起伏；在氧化膜较高的区域电阻增加，导致局部电流减小，阳极溶解速率下降，局部氧化膜的高度不断增加；随着氧化过程不断进行，氧化膜的高度差达到相当大的程度，形成了多孔型氧化膜。研究表明，阳极氧化膜的形貌与电解液 pH 值有关，酸性条件下容易产生多孔型氧化膜，中性条件下容易产生阻挡型氧化膜。

XRD 测试表明，阳极氧化膜一般是非晶结构 [见图 1-38（a）] 的，加热到 800℃ 以上才会发生结晶转变（γ→δ→θ→α）。氧化膜的成分比较复杂，一般认为是氧化铝（Al_2O_3）和氧化铝水合物（$AlOOH/Al(OH)_3$）的复杂混合。氧化膜的成分也与电解液种类有关，在多孔型氧化膜的生成过程中，电解液中的阴离子会渗入氧化膜中，并在氧化膜中不均匀分布，在靠近空洞的区域阴离子含量较高，而交界区域几乎不含阴离子 [见图 1-38（b）～（f）]。

通过适当的实验条件设计，可以获得空洞高度有序排列的多孔型氧化膜，这使其成为纳米材料制备的优质模板。但对于抗腐蚀性而言，由于 Cl^- 容易在氧化膜的孔洞内聚集，多孔型氧化膜的抗腐蚀性一般较阻挡型氧化膜差；在实际使用中往往需要进行封闭处理，将空洞填充或覆盖，才能获得较好的抗腐蚀性。

基于以上研究，将以阻挡型氧化膜作为研究对象。

3）第二相粒子对阳极氧化膜的影响

合金元素以第二相粒子形式出现在金属表面，阳极氧化过程中，受到氧化的不仅有基体原子，还包括第二相粒子。这会对阳极氧化膜的形貌、结构、成分产生影响，进而影响阳极氧化膜的抗腐蚀性能。

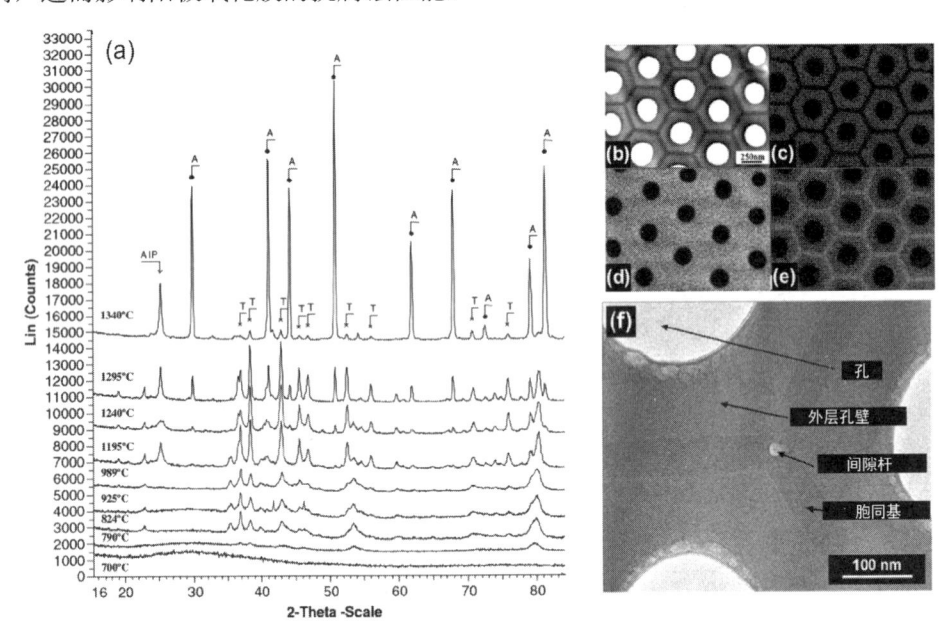

(a) 阳极氧化膜在不同温度下处理后的 XRD 图样；(b) 磷酸阳极氧化膜的 TEM 图像；
(c)～(e) 图 (b) 中氧化膜中三种元素 (P/O/Al) 的分布；(f) 图 (b) 的放大图

图 1-38　阳极氧化膜组成

相比于较为完善的纯铝氧化膜研究，第二相粒子对氧化膜影响的研究相对较少。根据现有的研究，第二相粒子对氧化膜的影响主要可分为三个方面：氧化膜的成分；氧化膜的致密度；氧化膜的形貌。

在以上三种影响类型中，氧化膜致密度和表面形貌的影响属于相对宏观（nm～μm）的性质，不宜用第一性原理（体系尺寸在 Å～nm 量级）描述；而氧化膜成分的影响属于原子层次的性质，适合用第一性原理描述。因此，相关工作应聚焦于氧化膜成分改变对氧化膜抗腐蚀性的影响。

4）非晶氧化膜原子级模型构建

在从头算分子动力学（Ab Initio Molecular Dynamics，AIMD）中，非晶氧化膜可以通过熔体的快速冷却得到，具体流程如图 1-39 所示。

生成初始结构：利用 Materials Studio 软件的非晶生成工具（Amorphous tools）生成非晶结构，超晶格尺寸 8.1Å×8Å×10Å，密度与 $\gamma\text{-}Al_2O_3$ 保持一致；

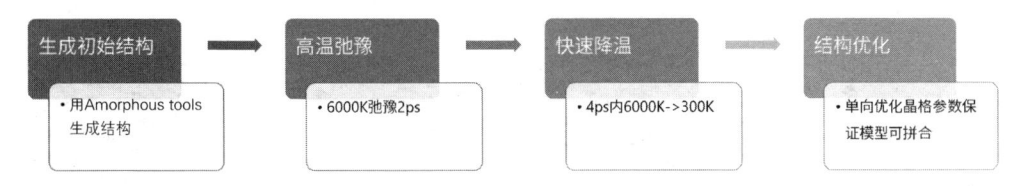

图 1-39 非晶氧化膜的生成过程

高温弛豫：取生成的初始结构，在 6000K 下弛豫 2ps 以使其达到稳定，分子动力学模拟步长取为 0.5fs，共计算 4000 步。

快速降温：取弛豫过程结束时的结构，在 4ps 内由 6000K 匀速冷却至 300K 使氧化铝凝固，模拟步长为 0.5fs，共计算 8000 步。

结构优化：取降温结束时的结构，保持 x 和 y 方向晶格常数固定，使 z 方向晶格常数可变，用共轭梯度（Conjugate Gradient，CG）法进行优化，收敛至所有受力小于 0.03eV/Å。

第一性原理计算部分全部使用 VASP（Vienna Ab initio Simulation Package）软件进行，其中涉及的主要参数如表 1-2 所示。

表 1-2 第一性原理计算中的主要参数

计算参数	取值	合理性
波函数基组	PAW（Projector-Augmented Wave，缀加投影平面波）	最常用的选择：周期性的体系适合用平面波计算，同时 PAW 方法将原子的内层电子另进行处理，避免过大的截断能导致过大的计算量
泛函	PBE	常用选择，相比高阶方法计算量较低
赝势	O 原子采用 soft 赝势，其余采用普通赝势	O 原子的普通赝势截断能上限较大（400eV），会大幅增加计算量
k 点	Gamma 点	本文采用超晶格的体积较大，且测试表明增加 k 点对原子受力影响不大
截断能	250eV	为降低计算量（分子动力学的计算量很大），采取较小的截断能
精度预设（PREC）	Low	为降低计算量，采取较低的精度
投影的计算方法（LREAL）	Auto（在实空间中计算）	对于较大（>20 原子）的体系，实空间投影对精度影响不大，且可减少计算时间

初始生成结构、6000K 弛豫后结构、冷却至 300K 结构、最终优化后结构分别如图 1-40 所示，可见生成的结构具有明显的非晶状态。

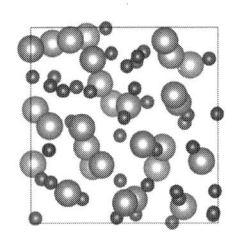

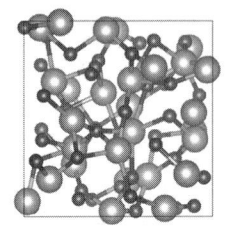

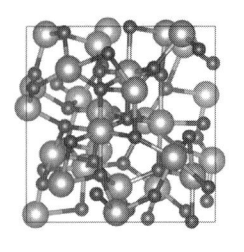

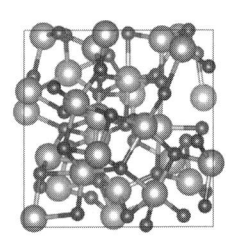

(a)初始生成结构　　（b）6000K 弛豫后结构　　（c）冷却至 300K 结构　　（d）最终优化后结构

图 1-40　非晶 Al_2O_3 的结构

熔化过程中的径向分布函数如图 1-41（a）所示。模拟开始的 0.5ps 内，初始结构 PCF 中所具有的峰很快消失，意味着熔化过程的发生。待 1ps 后，径向分布函数趋于稳定，说明熔化过程已基本完成。

冷却过程中的径向分布函数如图 1-41（b）所示。在前 2ps 内，由于温度很高，PCF 基本没有变化；模拟达 4ps 后，体系温度达到 3000K，PCF 的短程峰增多，说明结构开始有序化；在模拟的最后 2ps，径向分布函数并无趋于定值的趋势，说明虽然温度已达凝固点以下，但由于冷却过程非常快，氧化铝并未结晶，而是得到亚稳的非晶结构。

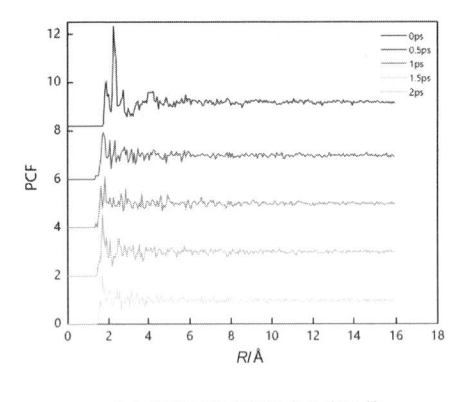

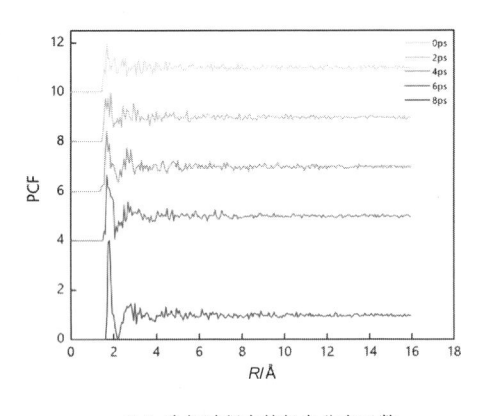

（a）熔化过程中的径向分布函数　　（b）冷却过程中的径向分布函数

图 1-41　非晶 Al_2O_3 的径向分布函数

由图 1-41 可见，Amorphous tools 生成的初始结构的 PCF（见图 1-41（a）的 0ps 对应曲线）虽有非晶特征，但与最终获得结构的 PCF（见图 1-41（b）的 8ps 对应曲线）仍有较大差距。Amorphous tools 生成的初始结构根据经典分子力场方法，验证了第一性原理相比经典力场的精度优势。

1.3.2　2A12 铝合金与液膜原子级界面模型构建

在实际环境下，航空铝合金暴露在富含盐分（主要为 NaCl）和水蒸气（H_2O）的环境中。由于环境的高湿度，水蒸气会在铝合金表面形成液膜，液膜中包含大量的 Na^+ 和 Cl^-。基于此，构建如图 1-42（a）所示的微观模型，其中氧化膜置于模型底部，具有一定的厚度以模拟体相性质（前面已经提到，实际阳极氧化膜的厚度很大，因此忽略铝合金基体的影响）；含有 Na 和 Cl 原子（电子在波函数计算中会"自发"的选择性分布，使它们成为 Na^+ 和 Cl^-）的 H_2O 溶液体系置于氧化膜上方，模拟表面液膜；在溶液上方是真空层，防止周期性条件下液膜与氧化膜体相的底部相互作用。

这一模型中溶液层的厚度太薄，不能正确反映出长程扩散（如距离氧化膜表面 3Å 以上）的行为（实际的液膜厚度远远超过第一性原理能处理的范围，与体相的性质类似）；为了体现长程扩散的性质，需要增加溶液层厚度（直至可以将其看成体相），如图 1-42（b）所示。

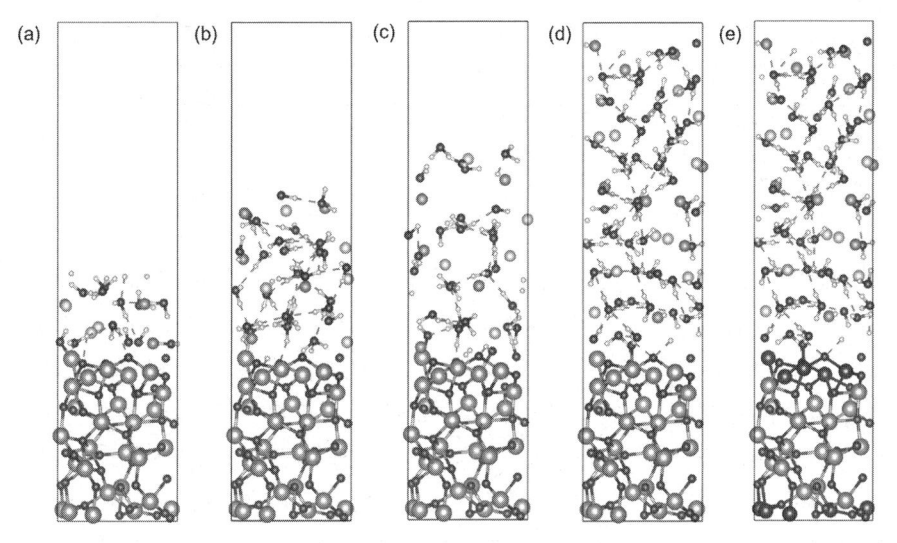

(a) 氧化膜表面覆盖薄溶液层；(b) 覆盖较厚的溶液层；(c) 溶液层中部分分子溢出表面；(d) 将溶液填满真空层；(e) 将氧化膜表面的 Al 替换为 Cu 模拟含铜氧化膜的情形（原子颜色：H/O/ Na /Al/Cu，下同）

图 1-42　2A12 铝合金与液膜原子级界面模型建模思路

一方面，考虑到恒温器的特性及计算时间步长的限制，模拟中体系的温度会出现较大波动，且在部分时间段中温度会显著高于水的沸点，这意味着会有大量水分子从溶液层表面溢出［见图1-42（c）］；另一方面，为了避免水分子溢出，只能将模拟温度控制在水的沸点（373K）以下，这会使得扩散过程非常缓慢（在第一性原理分子动力学的时间尺度下），无法研究扩散趋势。考虑到这两点因素，一个实际可用的模型是将真空层用溶液填满［见图1-42（d）］，在氧化层与溶液厚度均足够的情况下，可认为氧化层上下表面的行为互不影响，溶液向上或向下扩散的过程也互不影响。利用这种模型，模拟的温度可以大幅提升（如2273K），从而让我们在很短的时间（约10ps）内观察到扩散过程。

图1-42（a）～（d）讨论的是不含铜氧化膜的模型情况。对于含铜氧化膜，将氧化膜中的部分Al原子换为Cu原子来处理，将表面Al原子替换为Cu原子后的扩散计算模型如图1-42（e）所示。模型参数的确定如表1-3所示。

表1-3　模型参数的确定

模型参数	取值
超晶格的长度(x)/宽度(y)	8.1Å×8Å
氧化膜的厚度	10Å
溶液层厚度	20Å
溶液NaCl浓度	20mol/kg
溶液密度	1.03g/cm³

1.3.3　氧化膜成分对Cl⁻在溶液中扩散趋势的影响

铝表面的氧化膜十分致密且有自钝化性质，一般来说不易被腐蚀。但研究表明，在高湿度、高含盐量的海洋大气环境下，铝合金的表面会出现局部凹坑，这些凹坑会随腐蚀时间而不断加深，并可深入基体内部，造成基体的结构和功能破坏，这种形式的腐蚀被称为点蚀。若满足点蚀发生的条件（如有Cl⁻等腐蚀性离子存在且电化学条件合适），则点蚀孔会逐渐增大、扩展，并成为宏观可见的点蚀坑。此时的点蚀坑往往已经穿过氧化膜并到达基体内部，这会使基体与未腐蚀的钝化膜间形成原电池，基体作为原电池的阳极而溶解；加之阳极溶解的金属离子（如Al^{3+}）发生水解使阳极附近pH值下降，使得基体金属被快速腐蚀，如基体中的晶界、第二相等结构也可能会加速其腐蚀。

从点蚀的过程中可以看到，Cl⁻等腐蚀性离子对氧化膜的作用是点蚀能否发生的关键。一旦氧化膜被破坏，基体暴露于腐蚀性溶液中，腐蚀就会快速进行。Cl⁻对氧化膜的破坏过程可分为 Cl⁻扩散到氧化膜表面、Cl⁻吸附到氧化膜上、Cl⁻进入氧化膜扩散、氧化膜表面原子脱落等几部分。其中，Cl⁻扩散到氧化膜表面是整个腐蚀问题的基础，并直接决定了整个腐蚀过程的速率。因此，有必要对 Cl⁻在包括氧化膜的溶液中的扩散趋势进行研究。

此外，对于已有的 Cl⁻引起金属腐蚀的第一性原理计算研究，基本都集中在 Cl⁻的吸附行为或在氧化膜内的扩散行为，很少对 Cl⁻接近氧化膜表面这一长程扩散过程进行研究。

氧化膜表面溶液层中的扩散行为，可以看成由两个因素决定：分子随机的热运动，以及分子受到氧化膜表面力作用发生的定向运动。分子向氧化膜的运动实际上是一个竞争过程，溶液中的 Cl⁻、Na⁺与 H_2O 都会受到来自氧化膜的引力，若 H_2O 受到引力较大，则其更容易靠近氧化膜表面，相应的 NaCl 则不容易靠近氧化膜表面，从而使氧化膜不易被腐蚀；反之，则使氧化膜容易被腐蚀。

因此，需要分别测定 H_2O 和 NaCl 受氧化膜作用的情况，采取如图 1-43 所示的模型将界面模型中的水溶液去除，然后在指定 z 方向坐标（指定与表面距离）的位置放置 NaCl 或 H_2O 分子，然后计算体系能量；以真空层中央（此处分子受氧化膜作用可忽略）为零点，绘制能量与 z 方向坐标的关系图，进而比较两种氧化膜对两种分子吸引程度的大小。

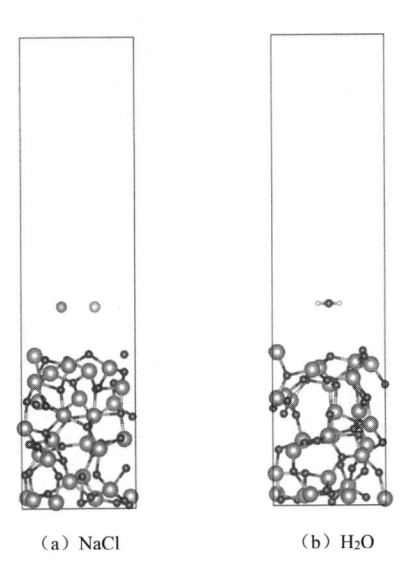

(a) NaCl　　　　(b) H_2O

图 1-43　计算相互作用能分布的模型被吸引的分子

1）溶液中 Cl⁻扩散趋势比较

a. 计算方法与参数。

选择模拟温度 2273K，含铜/不含铜模型各模拟 16ps，模拟步长 0.5ps。由于 2273K 下水溶液体系处于高度非平衡状态，所以优化良好的初始结构意义不大，这里直接用 Amorphous tools 生成初始结构。为了避免氧化层熔化将氧化层原子固定住，对于含铜氧化膜模型，将原氧化膜上下表面的 Al 原子替换为 Cu 原子，如图 1-44 所示。

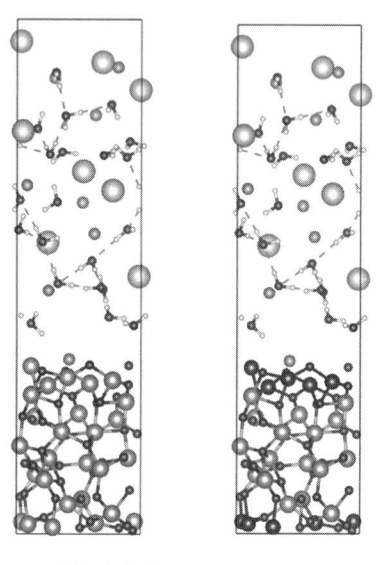

（a）不含铜氧化膜　　（b）含铜氧化膜

图 1-44　AIMD 扩散模拟采用的模型

为了获得"表面形貌影响可忽略"的距离范围，对仅包括氧化膜（不加 NaCl/H₂O）的模型计算电荷密度并绘制 z 坐标截面，取截面电荷密度基本均匀的区域为计算区域。仅氧化膜模型的电荷密度截面图如图 1-45 所示，由此选择的计算范围为 $z=14\sim29$Å，相当于距离上下表面各 3.5~4Å。在计算范围内，每隔 $z=1$Å 取一个点。计算完成后，对于每种模型（含铜/不含铜氧化膜，NaCl/H₂O）绘制体系能量与 NaCl/H₂O 分子 z 坐标的关系，并将被吸引分子处于真空层中央（$z=22$Å）的情况作为能量零点。

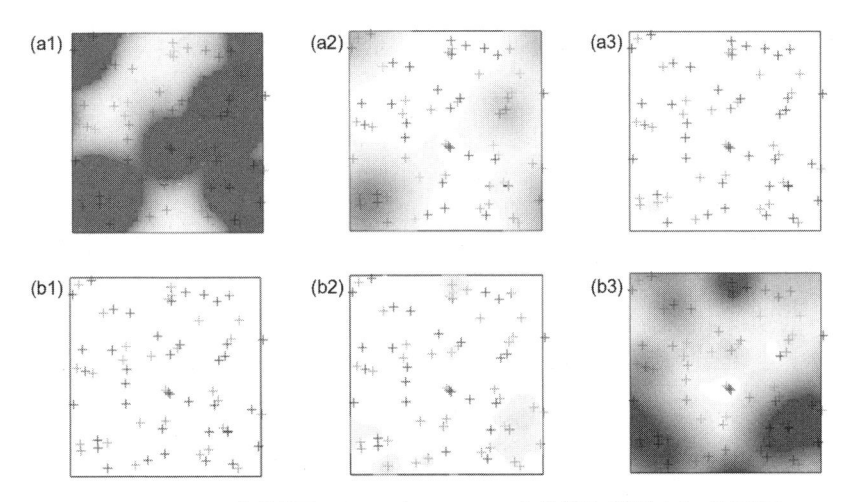

（a1～a3）：z=12/13/14Å 的截面；（b1～b3）：z=29/30/31Å 的截面（背景中的+代表原子，局部颜色越深代表电荷密度越大）

图 1-45　仅氧化膜模型的电荷密度截面图

b. AIMD 模拟扩散趋势。

AIMD 模型中不含真空层，Cl⁻可以同时向氧化膜的上下表面扩散；在衡量 Cl⁻的扩散趋势时需要考虑这一点。为此，以 Cl⁻与溶液中截面的均方根距离作为 Cl⁻扩散趋势的指标（F）：

$$F = \sqrt{\frac{\sum (z_{Cl} - z_{mid})^2}{N_{Cl}}} \tag{1-4}$$

其中，z_{Cl} 为 Cl⁻的 z 坐标，z_{mid} 为溶液中截面的 z 坐标，N_{Cl} 为 Cl⁻的数量。F 越大，说明 Cl⁻距离中截面的距离越远，即氧化膜对 Cl⁻的吸引作用越强。

对含铜/不含铜氧化膜的模型分别模拟 16ps，得出 F 值随时间的变化趋势如图 1-46 所示。

由图 1-46 可见，两模型开始的运动趋势接近，但逐渐的含铜氧化膜模型中 F 值开始大于不含铜氧化膜模型中的 F 值，且在模拟的绝大多数时间内都保持这种趋势；模拟时间内含铜氧化膜的平均 F 值也更大。这一结果表明，相比于不含铜氧化膜，含铜氧化膜有更强的吸引 Cl⁻使其表面靠近的趋势。

c. 能量计算的扩散趋势。

对于含铜/不含铜氧化膜，吸引对象为 NaCl 和 H_2O 的情况分别计算能量与 z 坐标的关系，得到 4 组数据，结果如图 1-47 所示；在实际的溶液中，NaCl 与 H_2O 在同一介质下扩散，存在相互竞争关系；对 NaCl 更大而对 H_2O 更小的吸引力有利于 NaCl 在竞争扩散中占优势，从而靠近氧化膜表面；而上述结果表明，对于 NaCl 的吸引，含铜氧化膜的吸引强度较不含铜氧化膜更大；对于 H_2O 的吸引，含铜氧化膜的吸引强度则较之更小。这也就解释了 AIMD 模拟中含铜氧化膜更倾向于使 Cl⁻靠近其表面的原因。

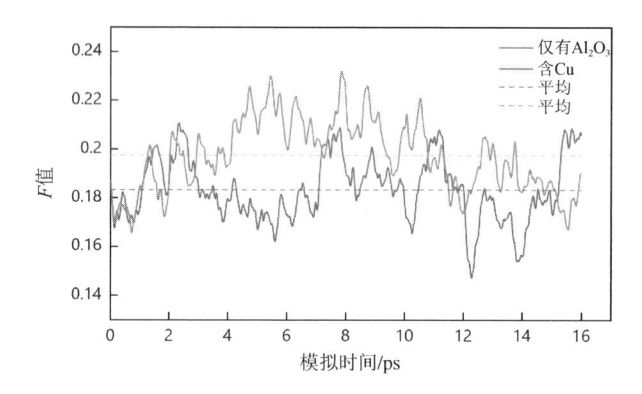

图 1-46 AIMD 模拟中 F 值随时间的变化趋势（虚线代表 F 的平均值）

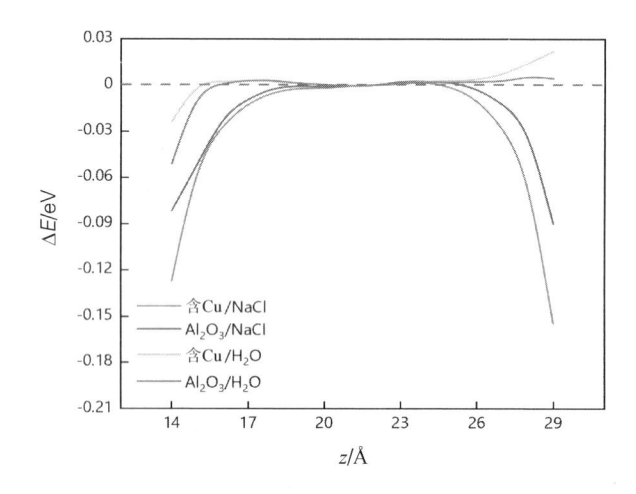

图 1-47 NaCl/H_2O 的 z 坐标与能量的关系（负值代表相比 z=22Å 参考点能量更低）

2）扩散趋势差异的机制分析

原子间相互作用可以分为化学作用（电子转移或共价键）、范德华色散作用、诱导偶极作用（诱导力）和固有偶极作用（取向力）。由于被吸引分子距离氧化膜较远，氧化膜可以看成是均匀的，对外呈现的固有偶极为零，因此可以忽略取向力的作用；

而由于被吸引分子距离氧化膜表面很远，共价键的作用也可以忽略。这样我们就只需要考虑电子转移、色散、诱导力三种作用。

Bader 电荷分析可以计算原子电荷的得失，电荷密度差可以展现电子在不同原子间转移的情况，都可以用来分析电子转移作用；电荷密度差也可用来分析诱导力的影响，因为诱导力会使氧化膜表面形成诱导偶极，这需要氧化膜表面电子重新分布，观察电子转移的趋势即可得知诱导偶极的形成情况；色散作用是 DFT 计算中很多普通 GGA 泛函（如我们采用的 PBE 泛函）的一个弱势，因为这些泛函一般着重于描述电子重新分布引起的相互作用，几乎不包含色散力的影响。但我们通过加入色散校正来体现色散力的作用：在标准计算完成之后（此时得到一个能量E_0），再额外计算色散校正能量（E_1），进而得到体系总能量（$E_0 + E_1$）。

a. 计算方法与参数。

通过加入范德华校正、电荷密度差、Bader 电荷分析三种方法讨论色散作用、诱导偶极、电子转移这三部分因素的影响。

范德华校正。计算加入 DFT-D4 色散能量校正，比较色散校正能量的大小，以及加入校正后总能量曲线的趋势。DFT-D4 色散能量校正的计算使用独立程序进行。

电荷密度差。取 $z=14Å$ 的模型（距离上表面最近的模型），计算 NaCl/H$_2$O 与基体有无相互作用时的电荷密度差，分析相互作用的电子转移情况。具体计算方法如图 1-48 所示，对图 1-48（a）（包括基体与 NaCl/H$_2$O 分子）、图 1-48（b）（仅基体）、图 1-48（c）（仅 NaCl/H$_2$O 分子）分别计算电荷密度，然后按（a）-（b）-（c）计算电荷密度差。（b）+（c）的电荷密度可认为是两者不存在相互作用情况下的总体电荷密度，因此该电荷密度差可以反映相互作用导致的电子转移情况。

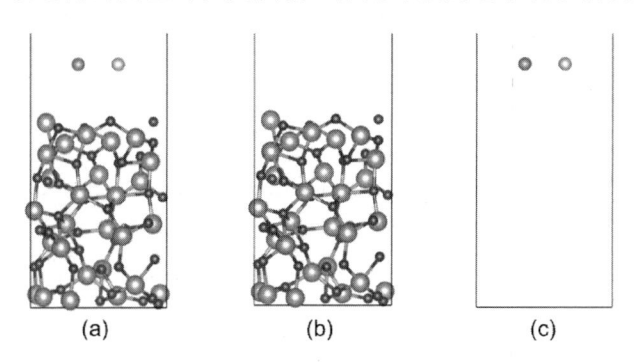

图 1-48 电荷密度差方法计算三个模型电荷密度，（a）-（b）-（c）求得电荷密度差

Bader 电荷。Bader 电荷是第一性原理计算中常用的原子电荷分析手段，可以作

为原子价电子数的参考，从而分析原子间的电子转移情况。计算图1-48（a）和图1-48（c）中NaCl/H$_2$O分子的Bader电荷，并进行比较。

b. 结果与讨论。

色散作用的影响。DFT-D4校正的能量大小和加入校正后的能量曲线如图1-49所示。可以看到，无论被吸引分子是何种类，不含铜氧化膜模型的色散校正能量均较大；加入色散校正后，两种氧化膜对NaCl的吸引能力差异稍有减小，对H$_2$O吸引能力差异稍有增大，但整体大小关系不变。因此，色散作用应当与两种氧化膜对NaCl/H$_2$O吸引能力的差异基本无关。

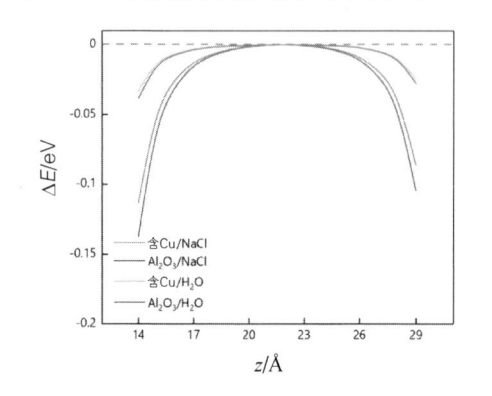

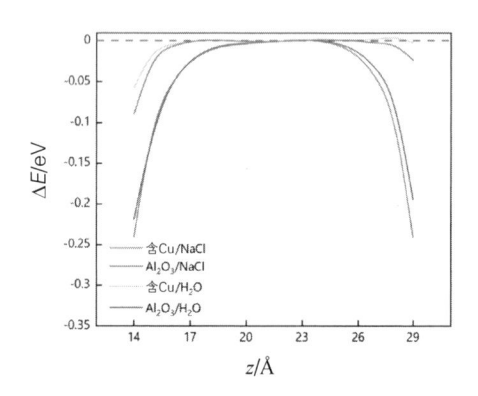

（a）DFT-D4校正的能量相对值（负值代表校正后能量下降比z=22Å的参考点多）（b）校正后体系的总相对能量

图1-49 考虑色散校正的影响

Bader电荷分析。两种氧化膜有无相互作用条件下，NaCl/H$_2$O中原子的Bader电荷如表1-4所示。

表1-4 不同模型下NaCl/H$_2$O中原子的Bader电荷

	Na	Cl	H1	O	H2
自由状态	0.147	7.853	0.382	7.237	0.382
不含铜氧化膜	0.147	7.827	0.377	7.236	0.385
含铜氧化膜	0.128	7.764	0.375	7.238	0.387

关于NaCl，两种氧化膜对NaCl的作用均使其电子有所减少，这意味着电子转移的发生会产生基体对NaCl的库仑引力。含铜氧化膜的存在使NaCl的总电荷下降了约0.108，而不含铜氧化膜产生的电荷下降了只有0.026，意味着含铜氧化膜从NaCl抢夺电子的能力更强，产生的库仑作用更强，使含铜氧化膜对NaCl的吸引力更大。我们认为这种现象可能是因为Cu的电负性大于Al，因此含铜氧化膜整体电负性更

大，从而吸引电子的能力更强。

关于 H_2O，无论氧化膜是否含铜，相互作用导致的 H_2O 原子电荷变化均非常小，可以忽略不计。这意味着氧化膜很难从 H_2O 上抢夺电子，因此难以产生库仑作用。这与能量曲线中单个 H_2O 吸引力远小于 NaCl 相符合。同时，电子转移量很小也意味着两种模型在对 H_2O 的库仑吸引方面基本没有差异。

电荷密度差。先看被吸引分子为 NaCl 的情况。含铜 ［见图 1-50（a1）～图 1-50（a3）］与不含铜（见图 1-50（b1）～图 1-50（b3））氧化膜模型的电荷密度差如图 1-50 所示。

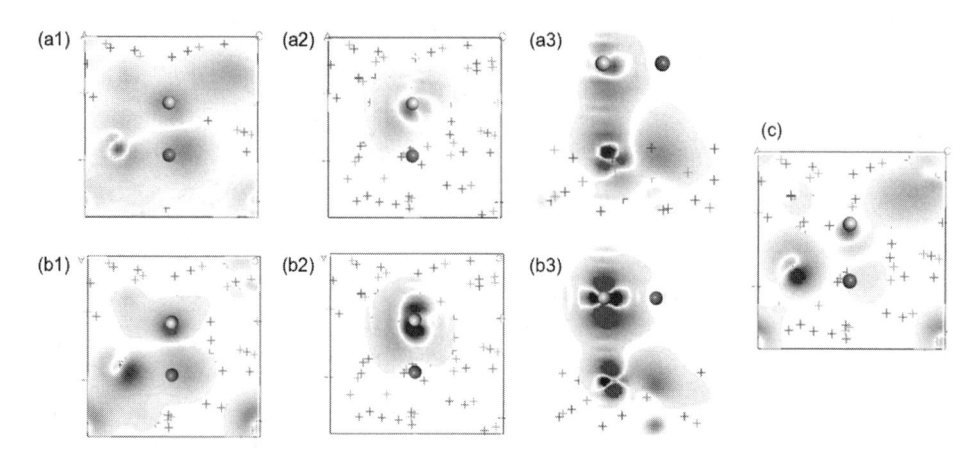

(a) 不含铜氧化膜；(b) 含铜氧化膜；其中（1）～（3）依次为 $z=11Å$ 截面（氧化膜表面），$z=14Å$ 截面（NaCl 分子所在截面），平行 z 轴穿过 NaCl 的截面。(c)（b1）-（a1）的（二次）电荷密度差。原子颜色：NaCl，+代表氧化膜中的原子。背景中的深色代表失电子（电荷密度差为负），浅色代表得电子（电荷密度差为正）

图 1-50 被吸引分子为 NaCl 时的电荷密度差

在两个模型中 Cl⁻附近的电荷密度差整体均是负的，说明 Cl⁻均有失电子倾向；含铜氧化膜模型对应的负值数值更大 ［见图 1-50（b3）中深色较图 1-50（a3）更深］，即含铜氧化膜从 Cl⁻夺取电子的能力更强。这与 Bader 电荷分析的结果是一致的。

在氧化膜表面出现了电子转移，在 Cl⁻一侧对应的氧化膜表面出现失电子现象，而 Na⁺一侧出现得电子现象；这表示氧化膜表面发生了电子的重新排布。这种现象是由 NaCl 的偶极矩产生的，Cl⁻带负电，Na⁺带正电，因此当基体在 Cl⁻一侧带一定量正电（失去电子），在 Na⁺一侧带一定量负电（得到电子）时，因为静电引力的作用，体系能力会下降。这属于诱导力的特征（固有偶极与诱导偶极的作用），说明诱导力是氧化膜对 NaCl 吸引的重要来源。

为了比较两种氧化膜下诱导偶极的大小，将两模型的电荷密度再次做差，并在氧化膜表面取截面（$z=11Å$），结果如图1-50（c）所示。在图1-50（c）中，没有观测到电荷密度差偏向于Na^+或Cl^-分布的情况，说明两种氧化膜产生的诱导偶极大小基本没有差异，即诱导力的大小基本没有差异。

对被吸引分子为H_2O的情况进行类似分析，结果如图1-51所示。可以看到，H_2O分子附近的电荷密度差基本为零，说明H_2O分子的得失电子量很少。与$NaCl$同截面的图比较［见图1-50（a1）/（b1）］，发现诱导偶极虽然仍然存在，但相比于$NaCl$的情况其强度弱得多，说明诱导力也小得多。这应该是因为H_2O分子的H和O原子间距离很近，所以偶极矩较小。二次做差的电荷密度［见图1-51（c）］仍然没有偏向某一侧分布的情况，说明两种氧化膜产生的诱导偶极矩仍然无明显差异。

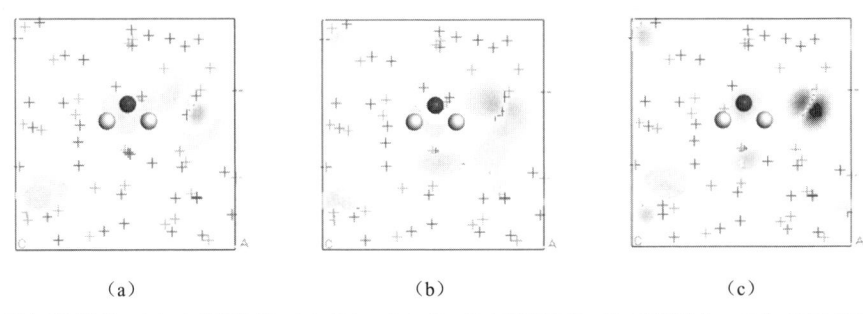

（a）不含铜氧化膜；（b）含铜氧化膜；（c）（b）-（a）的二次电荷密度差。以上截面均为$z=11Å$（氧化膜表面）

图1-51　被吸引分子为H_2O时的电荷密度差

综上所述，色散作用、诱导偶极和电子转移都在氧化膜对$NaCl/H_2O$的吸引中发挥了作用，但只有电子转移作用导致了两种氧化膜对$NaCl$的吸引能力差异，使得含铜氧化膜吸引水溶液中Cl^-的能力更强。

1.3.4　氧化膜成分对Cl^-吸附行为的影响

当Cl^-扩散到氧化膜表面附近后，腐蚀的下一步就是Cl^-以化学键的形式，紧密的吸附在氧化膜表面。这也是一切后续腐蚀步骤的基础，无论是Cl^-进入基体扩散，还是削弱基体内成键作用导致基体原子脱落，都要以Cl^-吸附在氧化膜表面为前提。因此，有必要对Cl^-在氧化膜表面吸附的情况展开研究。

第一性原理计算是吸附行为研究的常见工具，已有利用第一性原理研究Cl^-对铝合金及其他合金腐蚀作用的工作中，绝大多数研究的都是吸附过程。然而，这些工作普遍存在一些不足之处，只考虑了 Cl⁻（甚至很多文献考虑的是 Cl 原子，但显然原子与离子的吸附行为是大不相同的），没考虑共生的 Na⁺；以纯氧化铝（或氧化铝水合物）为研究对象，未探讨氧化膜含铜的影响；对吸附的化学机制的分析较浅，难以指导抗 Cl⁻腐蚀合金的设计。

1）研究思路

本书将 Na⁺和 Cl⁻共同作为吸附对象，并比较氧化膜是否含铜对吸附的影响，吸附问题包括以下几个方面：吸附位点在何处？吸附强弱如何？吸附作用的机制是什么？

a．模型简化。

在吸附问题的研究中采取很薄的水层［见图 1-52（a）］，但这样会引发水分子脱离表面［见图 1-52（b）］、水分子自发形成冰的有序构型［见图 1-52（c）］等。

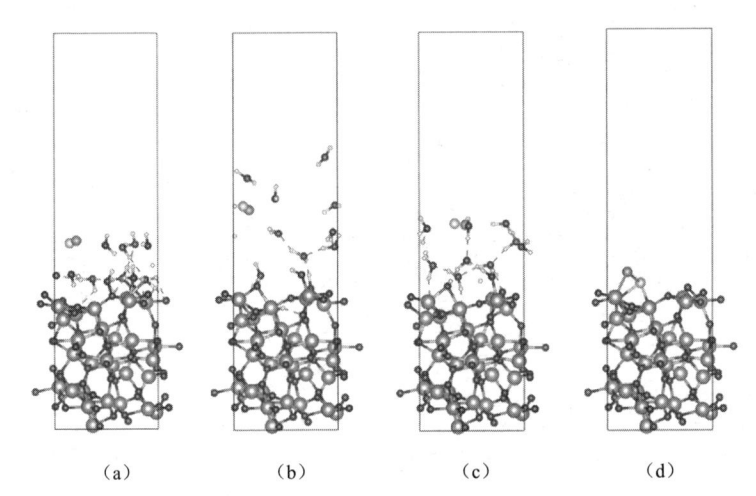

（a）含 H_2O 的溶液层模型；（b）溶液中的水分子脱离表面；（c）水分子自发形成有序构型；
（d）实际采用的模型，忽略溶剂水分子

图 1-52　吸附问题的模型设计

为此做以下两个简化：

忽略 H_2O 溶剂的作用，只考虑 Na⁺和 Cl⁻［见图 1-51（d）］。这摆脱了水分子对计算造成的各种影响，有利于我们分析 Na⁺与 Cl⁻在氧化膜表面的吸附。

认为一个晶格（8Å×8.1Å）表面的范围中只包含一个 Na⁺和 Cl⁻。这一模型是符合实际海水情况的，海水中的 Cl⁻浓度约为 20000ppm，经过换算可得每 14.2Å³ 的区域中会出现一个 Cl⁻，因此在一个 8Å×8.1Å 的格子中出现超过一个 Cl⁻的概率是很小的。若一个 8Å×8.1Å 格子中出现超过一个 Cl⁻，则意味着 Cl⁻局部聚集的密度很大，而这一般在能量上是不利的，很少发生。

b. 吸附位点。

对于 Cl⁻在氧化膜上的吸附位点，已有对晶态氧化膜的一些研究表明，Cl⁻主要吸附在 Al 原子的 top 位置，本书将论述以下几个问题。

实际的氧化膜是非晶态的，非晶情况下的吸附位点有什么特征？Na⁺的吸附位点是什么？对于含铜氧化膜，Cl⁻是吸附在 Al 上还是 Cu 上？吸附后，被吸附原子的成键情况如何？

要解决这些问题，首先要确定在一个非晶氧化膜的表面上稳定的吸附位点。为此，采取以下简单的办法，在一个晶格内，按一定密度均匀的放置 Na⁺和 Cl⁻的初始位置，对每个模型进行结构优化，获得最终吸附结构，并将获得的所有吸附位点看成相应氧化膜表面全部可能的吸附位点，如图 1-53 所示。

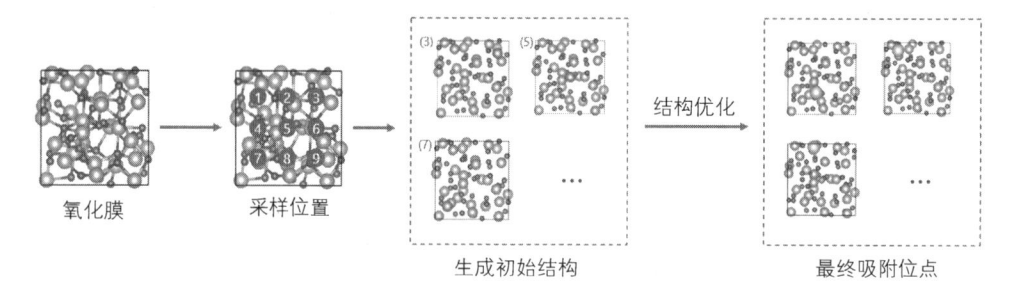

图 1-53 获得吸附位点的过程：获取氧化膜→均匀采样初始位置→在初始位置放置 NaCl→结构优化→获得最终吸附位点

c. 吸附强度。

对于按上述方法计算出的吸附位点，可以获取吸附后总体系能量［见图 1-54（a）］，与自由 NaCl 能量［见图 1-54（b）］及未吸附 NaCl 氧化膜能量［见图 1-54（c）］做差，获得吸附能，以此比较 NaCl 在两种（含铜/不含铜）氧化膜上的吸附能差异。

d. 吸附机制。

分析吸附机制，实际上是分析化学键合情况。将化学键合分析分为两部分：电子转移情况、化学键成键情况。

电子转移情况包括 NaCl 与氧化膜间的电子转移，也包括氧化膜内部不同原子间的电子转移；用电荷密度差和 Bader 电荷分析来予以考虑。

化学键成键情况可以从两个角度理解：一个是将基体作为一个整体，基体的电子结构以能带及相应的态密度的形式展现，基体的能级与 Cl⁻的能级相互作用，作用后能级发生分裂/能量变化等，这可以通过 DOS 来分析；二是单独研究 Cl⁻与被吸附的基体原子的作用（两个原子间的相互作用），通过 COOP 分析进行。

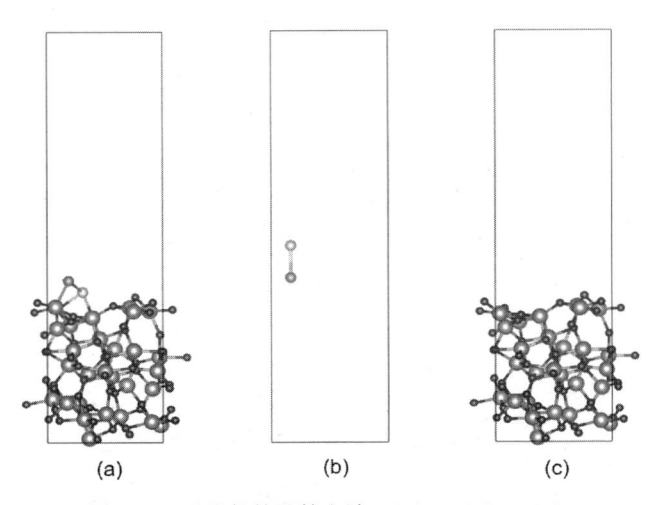

图 1-54　吸附能的计算方法：（a）-（b）-（c）

2）吸附位点与吸附强度

a．计算方法与参数。

吸附位点的计算过程如图 1-55 所示。

放置 NaCl 的位置按如下方法确定：将晶胞 xOy 平面 9 等分，取每个小部分的中心为 Na 和 Cl 原子的 x 和 y 坐标；Cl 原子的坐标取 $z=12$Å（距离氧化膜表面约 2Å），Na 原子的坐标取 $z=14.361$Å（在 Cl 原子上方 2.361Å 处，这一数值由气态 NaCl 分子的键长取得）。通过以上方法，两种氧化膜可分别获得 9 个模型。优化过程中，放开 Na、Cl 原子及氧化膜表面两层原子（具体而言，是 $z>8$Å 的所有原子），底部原子则保持固定。

对于含铜氧化膜模型，考虑到 CuAl₂ 第二相上方的实际氧化膜应当是氧化铝与氧化铜的混合物，其中 Cl⁻可能同时与 Al 原子和 Cu 原子形成吸附，以及 Al 原子和 Cu 原子在吸附位点上可能存在相互竞争，我们只将表面的一部分（4 个）Al 原子替换为 Cu 原子（见图 1-56），其余 Al 原子仍保持不变。

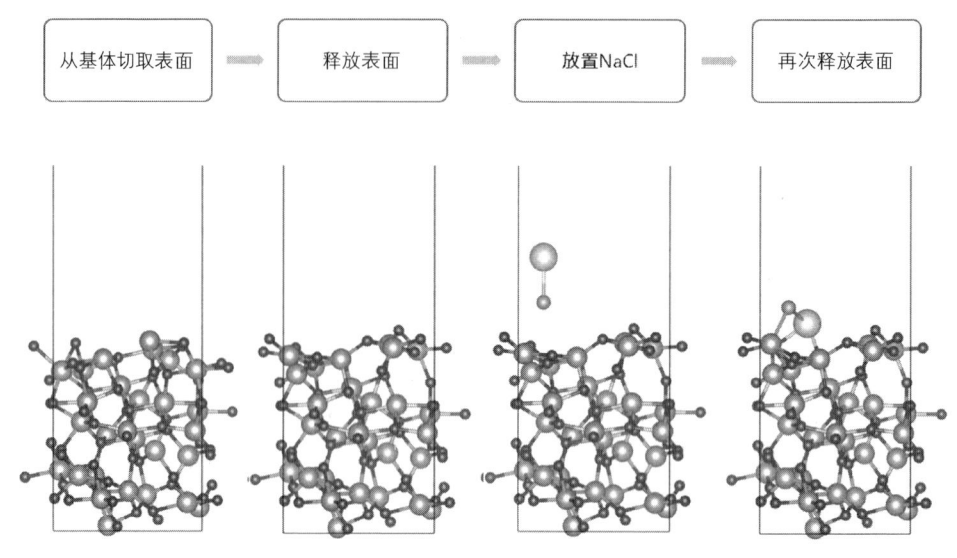

从基体切取表面 ⟶ 释放表面 ⟶ 放置NaCl ⟶ 再次释放表面

图 1-55　吸附位点的计算过程

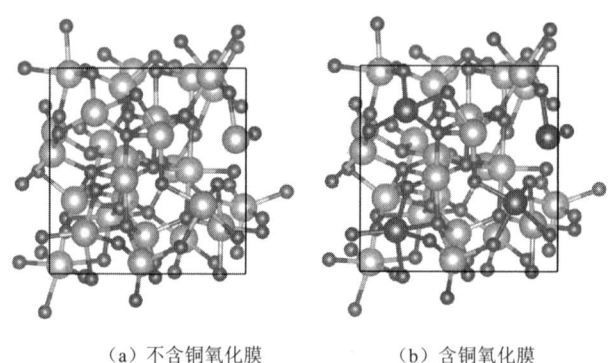

（a）不含铜氧化膜　　　（b）含铜氧化膜

图 1-56　由不含铜氧化膜生成含铜氧化膜

b. 吸附位点的结构特征。

不含铜氧化膜的 9 个初始结构的优化结果如图 1-57 所示。

进一步分析被吸附原子的成键情况，可以获得关于吸附位点的更多信息。结论如下。

Cl^- 只吸附在 Al 原子上，Na^+ 则只吸附在 O 原子上［见图 1-58（a）］。容易看出这是静电引力的结果：氧化膜中 Al 带正电荷，容易吸引带负电荷的 Cl^-；O 带负电荷，吸引带正电荷的 Na^+。

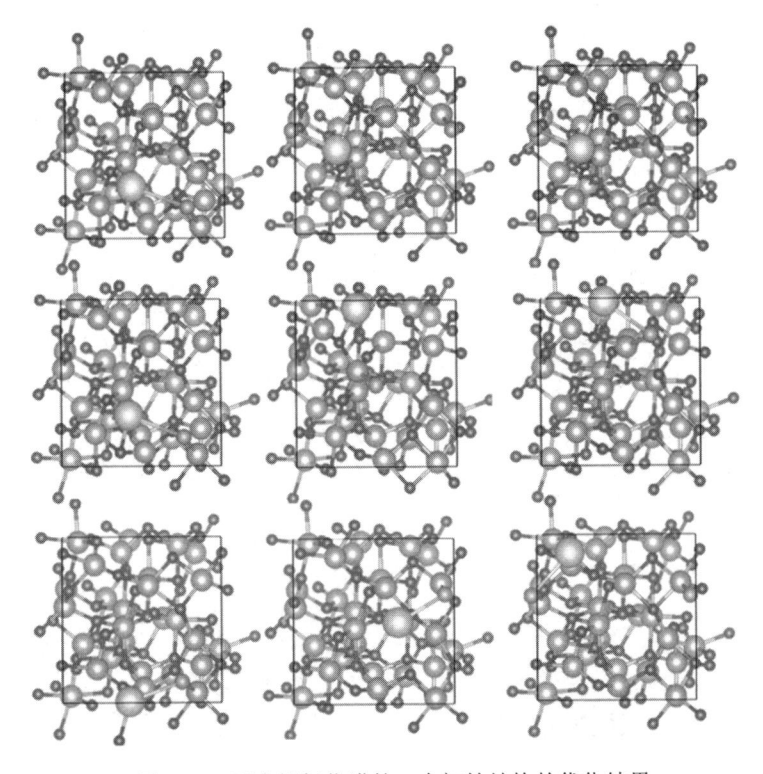

图 1-57 不含铜氧化膜的 9 个初始结构的优化结果

一般来说，Al—Cl 键的方向与 z 轴夹角较小，即 Cl⁻倾向于吸附 Al 原子的 top 位置（或接近 top 位置）上 [见图 1-58（a）]。这与已有的关于 Cl⁻在晶态 Al_2O_3 上吸附位点的结论一致。这是由 Cl⁻与 O 原子的排斥作用引起被吸附的 Al 原子同时与 Cl⁻及氧化膜内部的 O 原子键合，为了降低 Cl⁻与 O 原子间的排斥力，Cl⁻应当选择尽量远离氧化膜内部的方向，即选择 top 位置。

Al—Cl 与 Al—O 的键角一般在 90°或以上 [见图 1-58（b）/（c）]；这一现象支持了关于 Cl⁻吸附位点的讨论，即降低 Cl⁻与 O 原子之间的排斥力。

被吸附的 Al 原子一般是 4 [见图 1-58（b）] 或 5 [见图 1-58（c）] 配位的，以 $AlClO_3$ 或 $AlClO_4$ 的形式出现，其中 4 配位的构型一般属于正四面体的变形，5 配位的构型是两种典型 5 配位构型（三角双锥/四角锥）的变形。

综上所述，可以看到，NaCl 的吸附位点及吸附后的结构由三点因素决定：带正/负电荷原子间的静电引力（决定了 Na⁺和 Cl⁻吸附的原子种类）；带同种电荷原子间的排斥力（决定被吸附原子附近的几何构型）；空间位阻效应（决定被吸附原子附近的几何构型）。

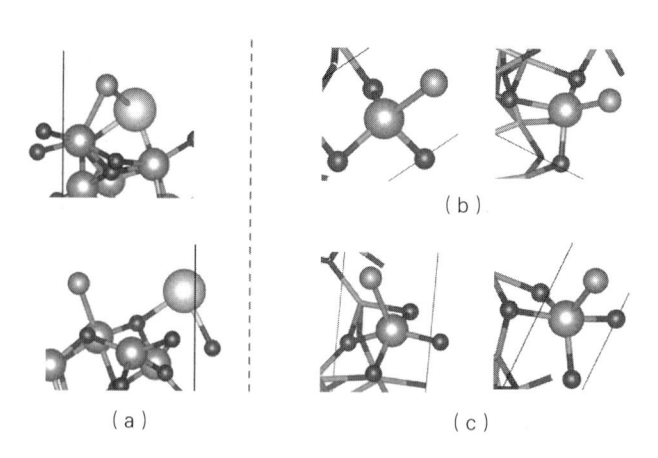

(a) 垂直于 z 轴方向的视图；(b) Al 为 4 配位的构型；(c) Al 为 5 配位的构型

图 1-58　不含铜氧化膜吸附 NaCl 时的局部成键情况

c．吸附强度的比较与讨论。

对两种氧化膜各 9 个模型计算吸附强度，结果如图 1-59 所示。虽然样本数量和范围有限，不能定量评估吸附能的大小，但可以得到定性的结论，即不含铜氧化膜的吸附能要大于含铜氧化膜的吸附能。

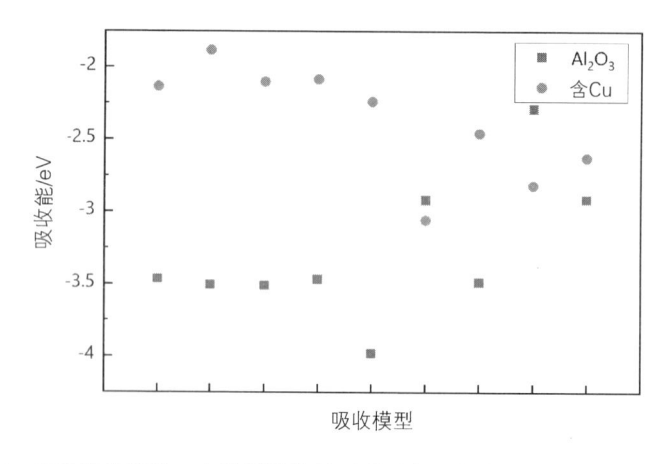

图 1-59　两种氧化膜各 9 个模型计算的吸附强度（负值代表吸附后能量下降）

对于 Na^+，其在氧化膜表面的吸附是完全离子型的（显然 Na—O 不能形成共价键），因此吸附强度完全取决于库仑引力；而库仑引力正比于相互作用两原子带电量的乘积。两种模型中 Na^+ 带电量几乎相同，但氧化铝中 O 原子的负电荷量要高于氧化铜中 O 原子的负电荷量，因此在不含铜氧化膜中 Na^+ 与 O 原子的吸引力更大，导致了更大的吸附能。

对于 Cl⁻，其作用主要是与 Al 或 Cu 原子的作用。考虑到 Al 的电负性低于 Cu，且 Al 的价态更高（Al 是+3 价，Cu 一般是+1 或+2 价），氧化膜中 Al 带的正电荷会多于 Cu，因此 Cl⁻在 Al 原子上吸附时的库仑引力要大于 Cu 原子。

可见，NaCl 在不含铜氧化膜上的吸附应当比含铜氧化膜上的吸附更容易。而在长程扩散中，含铜的氧化膜有更强的将 Cl⁻（及相应的 Na⁺）吸引到氧化膜附近的倾向。因此，对于长程吸附，含铜氧化膜的吸附能更大；对于短程吸附，不含铜氧化膜的吸附能更大。

这种差异源于 NaCl 所处的化学环境不同。短程吸附的强作用源于 Na—O、Al/Cu 间的引力，而这种引力要求相互作用的原子是高度选择性的。例如，对于 Na⁺（对 Cl⁻可同理分析），它必须与 O 原子发生接触才能产生大的静电引力，而如果与 Al/Cu 原子接触则会产生大的排斥力。因此，如果要获得大的引力，就必须令 Na⁺与一个或几个 O 原子的距离很小，而与所有 Al/Cu 原子的距离都相对大得多。

当 Na⁺距离表面很近时，这可以通过 Na⁺选择合适的吸附位点实现。例如，Na⁺吸附在某个 O 原子上方，此时该 Na⁺受到的主要作用都是其下方的 O 原子给出的，其他原子给出的受力可以忽略。这样的吸附能就由 Na⁺和 O 之间"一对一"的引力决定，由于不含铜氧化膜的原子带电量大（O 带更多负电，Al 带更多正电），静电引力更强，导致吸附能更大。

若 Na⁺和 Cl⁻距离表面较远，则表面大量原子与 Na⁺的距离都可认为是"相差不多"，不存在某个或某种原子对 Na⁺的作用更大，这时的引力大小就由氧化膜的整体效应决定。而由于含铜氧化膜从 NaCl 上抢夺了更多电子，自身带更多负电，NaCl（作为一个整体）带更多正电，所以氧化膜（同样作为一个整体）与 NaCl 的静电引力增大，吸引趋势更大。

3）吸附机制的研究

a. 计算与参数。

吸附机制的探索包括电子转移和化学键成键两部分。其中，电子转移分析涉及电荷密度差与 Bader 电荷计算，化学键成键分析涉及 DOS 和 COOP 计算。

电荷密度差的计算模型如图 1-60 所示，通过图 1-60（a）（吸附后构型）→图 1-60（b）（吸附后去除 NaCl 的构型）→图 1-60（c）（吸附后去除基体的构型）计算电荷密度差。对于不含铜氧化膜，选择初始 NaCl 位置相同，且吸附位点相近的模型进行优化、计算，以获取可比较的结果。

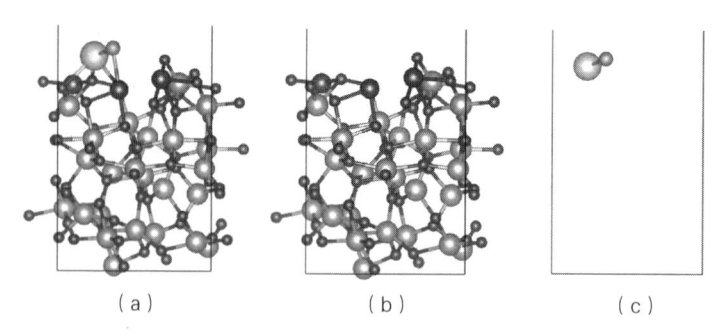

（a） （b） （c）

图 1-60　电荷密度差的计算：（a）-（b）-（c）

Bader 电荷计算采取的模型类似：使用模型图 1-60（a）计算吸附后原子的 Bader 电荷；同时我们对模型图 1-60（b）和图 1-60（c）计算 Bader 电荷，以检查吸附前后原子的电子得失情况。

DOS 同样采取图 1-60（a）[或见图 1-61（a）]所示的模型进行计算，对照模型如图 1-60（b）所示，其中 Na 和 Cl 原子处在真空层中央（$z=22$Å）处，以尽可能消除其与基体的作用；两原子的位置也被放置得尽量远[在晶胞内坐标（0.25 0.25 0.25）和（0.75 0.75 0.75）处]，以尽可能避免两离子间的静电引力对能级位置的影响（但是电子的分布仍然会使二者成为 Na^+ 和 Cl^-）；同时对照模型中的基体采取未吸附（自然）状态下的表面构型。计算参数方面，因为 DOS 的计算需要较多 k 点，本节中的所有静态计算均采用 5×5×2 的 k 点进行（但结构优化仍然采用 gamma 点）。为了避免平面波未完全收敛对电子态分布的影响，计算中的电子步收敛精度（EDIFF）从 $1e^{-4}$eV 提高至 $1e^{-5}$eV。

COOP 采用独立程序 lobster 进行计算。COOP 是描述单个化学键的量，只能描述两原子间的成键情况，这里选择的是 Cl 原子和与 Cl^- 成键的（Cu 或 Al）原子。计算中采用的原子轨道基函数包括 Na 的 3s 轨道、Cl 的 3s 和 3p 轨道、Cu 的 3d 和 4s 轨道、Al 的 3s 和 3p 轨道，以及 O 的 2s 和 2p 轨道（与 VASP 计算采用的一致）。

b. 电子转移分析。

先来看电荷密度差的情况。含铜氧化膜的电荷密度差如图 1-62（a）所示，不含铜氧化膜的电荷密度差如图 1-62（b）所示。

（a）吸附后模型　　　　　　　（b）吸附前模型

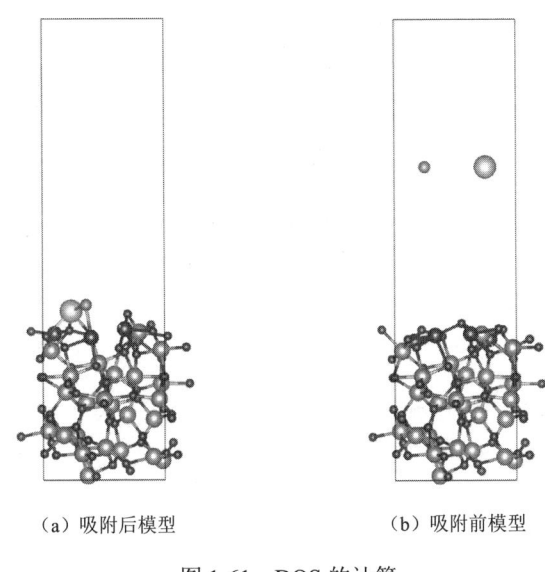

图 1-61　DOS 的计算

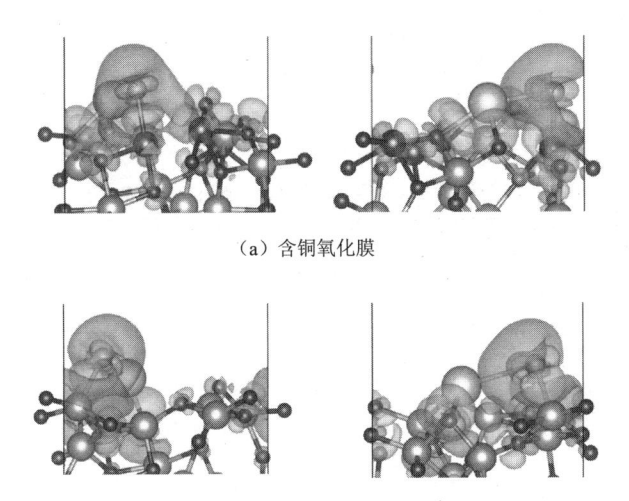

（a）含铜氧化膜

（b）不含铜氧化膜

图 1-62　NaCl 吸附的电荷密度差（等值面）

两模型中 Cl⁻ 均有失电子倾向。这与上册第 7 章讨论长程扩散性质时的情况一致；Na⁺ 附近的 O 原子有得电子倾向。这是因为 Na⁺ 带正电荷，与 Na⁺ 相近的 O 原子带较大负电荷时可产生较大静电引力，这一引力引发了氧化膜表面电子的重新分布；在 Al—Cl 和 Cu—Cl 原子连线中点附近电子密度增加。这意味着 Al—Cl 和 Cu—Cl 之间均形成了共价键，因为 Cl 的电负性较低，不能与 Al 或 Cu 原子形成完全的离子键合。在两模型中，被吸附的 Al 和 Cu 原子均出现了失电子趋势，但 Cu 的失电子趋势很小

（等电荷密度差值面比成键的 Cl 原子小得多），而 Al 的失电子趋势很大（相应的差值面和 Cl 原子相比数值相近）。这一方面表明含铜氧化膜从 Cl⁻抢夺的电子的能力更强（因此弥补了 O 原子从 Cu 原子抢夺电子造成的损失），另一方面表明含铜氧化膜内部电子重新分布的程度更弱（O 原子没有从 Cu 原子抢夺更多电子）。

含铜氧化膜模型 NaCl 吸附前后的 Bader 电荷如表 1-5 所示。"吸附前"的结果由图 1-60（b）和图 1-60（c）取得，"吸附后"的结果由图 1-59（a）取得。对于 Al/Cu 原子，我们只考虑与 Cl 成键的原子。对于 O 原子，我们考虑两种情况，与被吸附的 Al/Cu 原子成键的 O 原子和与 Na⁺接近的 O 原子，并在表 1-5 和表 1-6 中分别列出。

表 1-5 含铜氧化膜模型 NaCl 吸附前后的 Bader 电荷

原子	吸附前	吸附后
Cl	7.888	7.503
Na	0.112	0.135
Cu（与 Cl 接触）	10.196	10.217
O1（与被吸附 Cu 相连）	7.352	7.368
O2（与被吸附 Cu 相连）	7.281	7.278
O3（与 Na⁺相连）	6.578	6.693
O4（与 Na⁺相连）	6.591	6.675

表 1-6 不含铜氧化膜模型 NaCl 吸附前后的 Bader 电荷

原子	吸附前	吸附后
Cl	7.904	7.799
Na	0.096	0.139
Al（与 Cl 接触）	0.832	0.625
O1'（与被吸附 Al 相连）	7.599	7.602
O2（与被吸附 Al 相连）	7.614	7.611
O3（与 Na⁺相连）	7.523	7.555
O4（与 Na⁺相连）	7.514	7.548

两模型中，Na⁺和 Cl⁻（作为一个整体看待）均有电子损失，但含铜氧化膜模型中 Na⁺和 Cl⁻的电子损失要多得多。不含铜模型中，与 Cl 成键的 Al 原子确实发生了较多的电子损失（与电荷密度差图的结论一致），而含铜模型中与 Cl 成键的 Cu 原子则反而得到了少量电子。这是因为 Bader 电荷计算时将部分 Cu—Cl 间的成键电子划入了 Cu 原子中（成键电子密度是上升的）。结果说明了与 Cl 成键的 Al 原子失去电子的数量远多于 Cu 原子，与电荷密度差的结果一致。两模型中，与被吸附 Cu/Al 原子成键的 O 原子均没有明显的电子得失。两模型中，靠近 Na⁺的 O 原子均有电子获

得，且含铜氧化膜中这部分 O 原子的电子获得量更大。这主要是因为含铜氧化膜中 O 原子自身带负电荷较少，对外来电子的排斥力较弱，因此电子亲和能更大。

综上所述，当吸附 Na^+ 和 Cl^- 时，两种氧化膜的电子转移差异主要体现在：Cl^-（及 Na^+）的失电子量；与 Cl 成键的 Cu/Al 原子的失电子量；靠近 Na^+ 的 O 原子的得电子量。这种差异会影响 NaCl 的吸附强度及氧化膜内部的结合强度变化。

对于 NaCl 的吸附强度，显然是不含铜氧化膜对应的吸附强度更大。一方面在 Cl^- 这边，不含铜氧化膜从 Cl^- 夺走的电子更少（因此 Cl^- 带的负电荷更多），且 Al 原子失电子更多（因此 Al_3^+ 带的正电荷更多），于是静电引力更大；另一方面在 Na^+ 这边，虽然靠近 Na^+ 的 O 原子得电子更少，但这些 O 原子带电荷本来就比含铜氧化膜的情形多很多（大约多了 1 个电子），因此 Na^+ 与这些 O 原子的静电引力也更大。

对于氧化膜内部结合强度，首先从静电引力的角度来看，就会发现两个相反的趋势。不含铜氧化膜中与 Cl^- 成键的 Al 原子失电子较多，使得该 Al 原子与周围 O 原子的吸引力增大；而含铜氧化膜中靠近 Na^+ 的 O 原子得电子较多，使得这些 O 原子与周围 Cu/Al 原子的吸引力增大。不含铜氧化膜中的成键基本都是离子键（Al—O），即纯静电作用；而含铜氧化膜中除离子键外还有共价键（Cu—O），除静电外还包括 d 轨道能级分裂的成键作用。

c．成键情况分析。

上述从静电引力的角度，探讨两种氧化膜上 NaCl 吸附能差异的成因。对于 Na^+ 而言，这样的讨论是充分的，因为 Na^+ 与其他原子的成键基本属于离子键，其主要来源是静电引力；但对于 Cl^-，这样的讨论并不完全，因为 Al—Cl 和 Cu—Cl 都有很强的共价成分，仅通过静电引力大小不能完全描述成键情况。为此，有必要从电子能级相互作用的角度，进一步分析成键情况。

含铜氧化膜吸附 NaCl 前后［对应图 1-61 的（b）和（a）］的 DOS 图如图 1-63 所示。

成键前 Cl^- 的 3p 轨道（这也是它最可能成键的轨道）处在费米能级附近，这意味着它只要稍被扰动，就可能有部分能级提升到费米能级以上，从而失去电子。这也解释了为什么吸附到氧化膜表面后 Cl^- 会失去电子。

成键前 Cu 的 3d 轨道有一定的弥散，其最高点的位置大约在-2eV，且有部分能级与 Cl^- 的 3p 轨道重合。根据分子轨道的能量相近原则，吸附后 Cu 的 3d 轨道很可能与 Cl^- 的 3p 轨道形成共价键（特别是考虑到 Cl^- 吸附后受到静电引力其能级会下降，使其与 Cu 的 3d 轨道的重合程度更高）。

(a) 吸附 NaCl 前　　　　　　　　　　(b) 吸附 NaCl 后

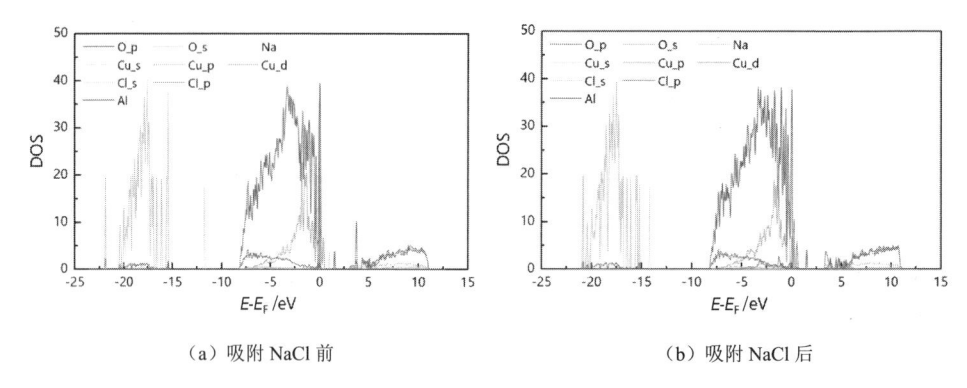

图 1-63　含铜氧化膜吸附 NaCl 前后的 DOS 图

Al 的轨道更加弥散（因为单独的 Al 的 3s 或 3p 轨道密度太小，这里合起来画以便于辨识），但其密度最高的部分在-5eV 以下，这意味着 Al 原子轨道距离 Cl 的 3p 轨道较远，因此与 Cl 形成共价键的能力较弱。

成键后 Cl 的 3p 轨道发生展宽，展宽后的能级与 Cu 的 3d 轨道高度匹配，这意味着 Cl 与 Cu 之间发生了共价键的成键作用。此外，Cl⁻的 3s 轨道和 3p 轨道的（平均）能量均有下降，这主要是 Cl⁻受到的静电引力（包括 Na⁺和 Cu 给出的）引起的。对 Cl⁻与被吸附的 Cu 原子间的成键进行了 COOP 分析，如图 1-64 所示。

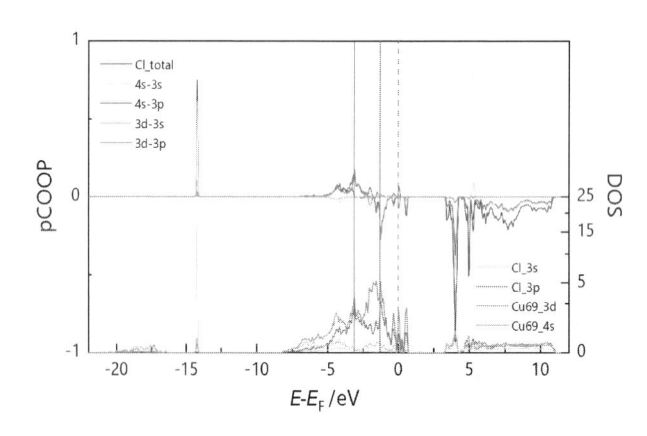

图 1-64　Cl⁻、Cu 键的 COOP 分析

吸附后的 DOS 表明 Cl⁻的 3p 轨道分裂，分裂后形成两个峰；从 COOP 中发现，这两个峰主要是由 Cu 的 3d 轨道与 Cl 的 3p 轨道作用导致的，分别是这一作用的成键轨道与反键轨道。但反键轨道的大部分都在费米能级以下，也就是反键轨道上有相当多的电子填充，因此实际上这一轨道分裂对能量下降的作用很小（虽然仍有部

分反键轨道超出费米能级,但能量下降还是存在的)。

不含铜氧化膜与 NaCl 的 DOS 图如图 1-65 所示。在吸附前,Cl⁻ 的能级仍然在费米能级附近,而 Al 的能级能量偏低(与含铜氧化膜中 Al 的能级分布类似)。由于 Cl⁻ 与 Al 的静电引力较大,吸附后 Cl⁻ 的能级能量下降较多(见吸附后的 DOS),因此吸附后 Cl⁻ 的 3p 轨道仍然可以与 Al 形成一定的键合。但在吸附后 DOS 中 Cl 的 3p 轨道的展宽程度明显不如含铜氧化膜模型中相应的展宽程度,说明 Cl⁻ 与 Al 的共价键合相对较弱(也就是说,成键有更多的离子性质)。

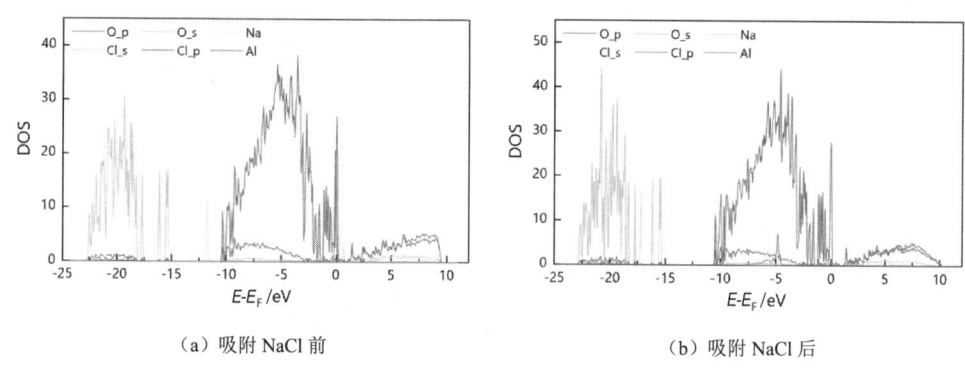

(a) 吸附 NaCl 前

(b) 吸附 NaCl 后

图 1-65 不含铜氧化膜与 NaCl 的 DOS 图

Cl 原子与被吸附 Al 原子间的 COOP 分析如图 1-66 所示。可以看到,Cl⁻ 的 3p 轨道主要是与 Al 的 3p 轨道作用进而成键的;而该成键与 Cu—Cl 成键差异很大的一点,就是 Al—Cu 成键中费米能级以下的部分几乎都是成键轨道,而反键轨道则分布在能量比较高(2~10eV)的区域,且都是未占据轨道的。这意味着成键使体系有更多的能量下降,也使得 Cl⁻ 在 Al 上的吸附能较 Cl⁻ 在 Cu 上更大。

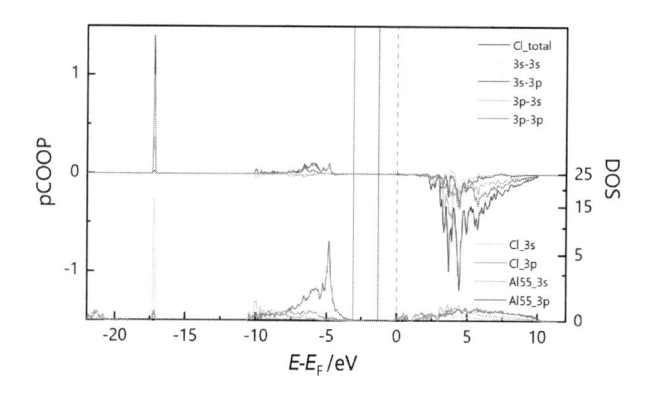

图 1-66 Cl 原子与被吸附 Al 原子间的 COOP 分析

1.3.5 归纳分析

通过第一性原理的方法，探讨 Na^+ 和 Cl^- 在氧化膜表面吸附的几何结构特征，讨论氧化膜是否含铜对其短程吸附行为的影响，从电子转移分析和化学键分析两个角度，讨论两种氧化膜对 Na^+ 和 Cl^- 吸附行为差异的原因。

（1）在氧化膜表面均匀分布 Na^+ 和 Cl^- 的初始位置并进行结构优化，获得了 Na^+ 和 Cl^- 的优势吸附位点，分析优势吸附位点的结构特征。Na^+ 倾向于与氧化膜中的 O 原子进行结合，Cl^- 则倾向于与金属原子 Al/Cu 进行结合；Cl^- 通常吸附在单个金属原子上，且吸附位点接近 Al/Cu 的 top 位置；被 Cl^- 吸附的金属原子通常呈现类似 $MClO_3/MClO_4$ 的 4/5 配位结构，且 O—M—Cl 夹角通常在 90°或以上。产生上述现象可以归结为静电引力和空间位阻两种作用。

（2）获得吸附位点后，对两种氧化膜下 NaCl 的吸附能进行了比较，NaCl 在不含铜氧化膜上的吸附能要大于含铜氧化膜上的吸附能。主要是由氧化膜表面原子带电荷量不同，导致静电引力不同，而且短程吸附能的这一趋势是与长程扩散的趋势相反的。

（3）从电子转移和化学键形成两个角度，讨论两种氧化膜对 NaCl 的吸附机制及其差异，两种氧化膜均会从吸附的 Cl^- 上抢夺电子，抢夺的电子主要分布在与 Na^+ 靠近的 O 原子上。两种氧化膜的不同点在于不含铜氧化膜从 Cl^- 上抢夺电子的能力更弱，且与 Cl^- 成键的 Al 原子会失去较多电子，而与 Cl^- 成键的 Cu 原子则几乎没有失去电子。关于化学键形成的分析表明，Cl 与 Cu 吸附时，主要的作用轨道是 Cl 的 3p 轨道和 Cu 的 3d 轨道；而 Cl 与 Al 吸附时则为 Cl 的 3p 轨道和 Al 的 3p 轨道。由于 Cu 的 3d 轨道的能量更接近 Cl 的 3p 轨道，Cu 和 Cl 成键时能引发更大程度的能级分裂（因此有形成更强化学键的潜力）。但由于能级分裂后反键轨道的大部分处于费米能级以下，实际 Cu—Cl 的成键键级较低，所以其强度相比 Al—Cl 键没有优势。

第 2 章

航空装备腐蚀数字工程建设

2.1 数字工程建设内涵

2.1.1 数字工程建设

随着大数据、人工智能、区块链等技术的发展,数字工程的发展浪潮越演越烈。我国已进入了数字化经济时代,并把数字化经济作为经济增长的新动能。如何提升自身的数字化能力,追求万物互联、数据驱动、软件定义、平台支撑、组织重构等信息化变革,围绕数据经济时代的通用性、个性化、平台化、全球化、革新速度、知识工人、商业范式、价值获取方式、信息技术作用等要素,形成一批具有自主知识产权的数据或软件或工具产品,将决定一个企业、行业,甚至是一个国家的核心竞争力。

从基础建设视角,可将数字工程视为以互联网为核心主干,由移动网、广电网、物联网等多种网络融合形成新型泛化的基础设施,并形成以支撑规模化跨界创新应用服务模式为特征的"互联网+"模式;从计算模式视角,可将数字工程视为以支持计算、存储、网络、数据、应用等资源的集约式管理和服务化使用特征的云计算模式;从信息资源视角,可将数字工程视为将数据作为新型战略资源,并以数据的深度挖掘和融合应用为特征的大数据模式;从信息应用视角,可将数字工程视为以人工智能技术为基础,支持感知、认知到决策的智能化模式。数字工程内涵如图 2-1 所示。

从腐蚀信息数字工程建设方面来说,主要是解决多种材料、多种指标、多种环境、产品寿命之间的交互关系,涉及数据深度挖掘与可视化应用等问题,亟需通过大数据与仿真分析方法，建立材料与性能、性能与指标、指标与时间、材料与环境、环境与环境、指标与环境、性能与环境，以及它们多者之间的关联，挖掘深层次数据信息和价值，达成分布式数据资源统一管理的目的。

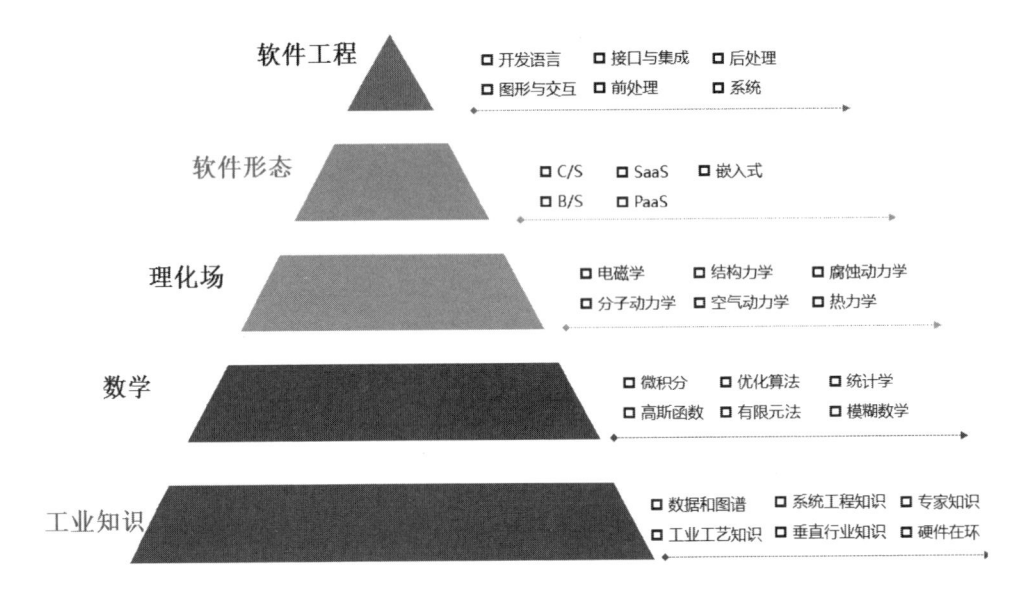

图 2-1　数字工程内涵

利用现代化信息技术，将腐蚀领域知识、数据、业务流程等转化为统一的知识库、模型库、数据库，把隐性知识、数据转化为显性可配置、自动化的软件执行过程，达到知识凝聚与复用的目的。通过技术体系的解耦、分化、再封装，构建新技术体系，贯穿数据采集、数据传输、数据分析、数据决策。从传统的理论推理（观察、抽象、数学）、试验验证（假设、试验、归纳）向模拟择优（样本数据、机理模型）、大数据分析（海量数据、大数据分析模型）转变。其核心在于数据+算法，基本过程如图 2-2 所示。

图 2-2　腐蚀信息数字工程基本过程

2.1.2 典型技术路线

特别是进入新时代以来，随着我国战略重心调整，武器装备在南海、远海、沙漠、高原、高寒等地区服役激增，材料、性能、环境、寿命交互作用复杂，环境适应性问题显著。基于上述问题，亟需立足"数据+算法"，构建"感知、物联、移动、智慧"系统，实现海量、复杂、多维、高度互联数据的解析分析、仿真预计与智慧决策，并通过工业软件技术进行代码化封装，面向高端装备数字化转型和高质量发展的需求，构建自主知识产权极端环境模型，形成系统解决方案。腐蚀信息数字工程典型技术路线如图2-3所示。

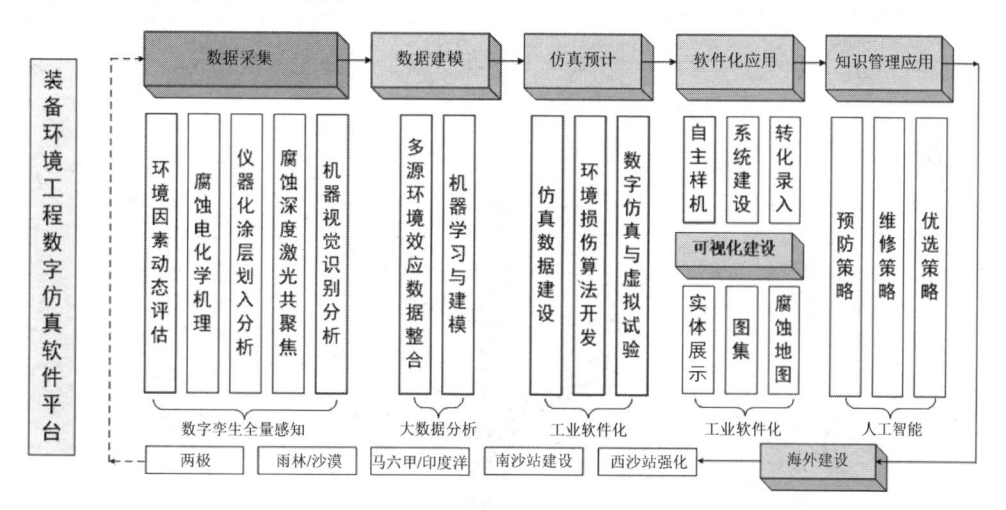

图2-3 腐蚀信息数字工程典型技术路线

2.1.3 目标里程碑

环境工程全链条工作会产生大量有效数据，获得的环境因素数据可为航空装备指标论证、环境分析、环境控制、环境试验考核工作提供分析基础；获得的材料、工艺性能退化数据可为优选、设计工作提供数据支撑；试验方法可为试验考核提供理论依据；保障方法与周期可协助用户因地制宜制订保障计划与方案，降低维护成本与负担。其数据作用可以分为以下四个阶段。

（1）一阶段（初步认知）：采用虚拟仿真试验，完成对目标对象腐蚀热点及速率预估的初步预估；提前部署自然环境试验、人工环境试验，对目标对象在恶劣环境下的应用水平进行领先验证，达到短期缺陷暴露、优选改进的目的。

（2）二阶段（寿命控制）：开展持续性的自然环境试验，结合新型保障或维修技术，对一阶段暴露出的问题进行应用改进，并同步对保障或维修技术的有效性、使用策略进行验证，保证目标对象安全服役。

（3）三阶段（寿命评估）：贴近目标对象使用环境特点，综合利用自然环境试验、人工环境试验和保障维修试验手段，尽可能复现目标对象、实际损伤工况条件，通过综合试验的方式，得出寿命结论。

（4）四阶段（成果固化、体系服务）：归纳相关数据、经验，编制应用指南、预计手册、标准、规范，通过数据、图谱、文档、标准、规范的结构化，以及仪器化、软件化、智慧化、可视化系统建设（见图 2-4），逐步达到目标对象腐蚀防护全寿命周期数据利用价值提升的目的，使业务与数据闭环，达到业务数据化、数据资产化、资产服务化、服务业务化。

目标3：分步骤实现仪器化数据采集、数据建模分析、仿真预计、软件化应用、知识管理及应用的协同实施。

目标4：贯穿数据采集—处理—应用链条，技术服务向标准化、流程化、手册化、工具化转化，最终形成"试验检测、科研服务、监/检测产品销售、数据/知识产权服务"的综合体。

目标1：构建数据源，将数据链丰富为"电化学微尺度—环境因素—宏观气象"多尺度数据表征，厘清腐蚀性能多指标间的关联、各类材料间横纵向关联及环境各因素协同变化与腐蚀行为的映射关系。

目标2：对标国外软件，复现50%~80%，结合专业特色改良优化。采用数值方法（统计方法外推与置信区间判断）和机理第一性计算综合的方式（薄液膜多离子传输理论与腐蚀电化学原理），利用有限元计算方式，仿真分析，相互印证改良。

图 2-4 腐蚀信息数字工程目标节点

此外，信息工具随工业部门及用户自身发展理念的强大而变化，只有当工业部门及用户设计研发、全链条管理，以及产生对于装备环境工程工作的重要认知时，信息工具才会陆续发展，迭代更新，变得好用、管用，工具与理念是螺旋促进的关系。对于数字工程建设，资源优化是目标、数据流动是关键、工业软件是核心、新型能力培育是主线、系统解决方案是重点，让隐性知识显性化，将数据转化为信息、信息转化为知识、知识转化为决策。

2.1.4 技术进展

1) 国外技术进展

欧美发达国家已形成了商业软件、开源软件和自研软件并存协同、优势互补的良性发展生态，呈现出"军工牵引、深度融合、体系发展、技术创新"的发展趋势。据统计，全球 90%的大型工业软件起源于军工行业。以美国为例，2010 年，美国国防高级研究计划局（DARPA）启动"运载武器自适应制造"项目，应用基于模型的设计、虚拟验证和数字制造技术，实现了系统设计"一次生成且保证无误"，将型号研制周期缩短到原来的五分之一。2016 年，美国国防部实施了 10 年的计算研究和工程采办工具项目，通过高逼真数字模型的构建和改进，提高创新速度，支持美国军队"数字工程战略"的落地实施。

德国"工业 4.0"中指出，构建基于信息物理系统的新型制造体系，是现代信息和软件技术与传统工业生产相互作用的革命性转变。在"工业 4.0"战略的关键技术与理念中，以工业软件为主角的信息技术是产业革命的核心推动力，实时感知、采集、监控生产过程，产生大量数据。德国西门子一直在围绕如何构建软件竞争优势进行全方位的战略布局，近十年该公司并购了数十家工业软件企业，现已位列世界软件公司前列，其软件业务已经涵盖设计、分析、制造、数据管理、机器人自动化、逆向工程、云计算和大数据等多个领域。施耐德电气认为软件是赋能数字化工业未来的关键途径，该企业将软件作为未来最重要的战略核心，近年来开始进行软件布局，收购了大量软件公司。霍尼韦尔提出了由"硬"到"软"的互联转型，企业不仅要为客户生产硬件产品，还要提供更多的基于软件和数据的增值服务。

在腐蚀数据管理上，早在 20 世纪 70 年代，美国为了管理和利用其大气环境试验机构产出的大量数据，最早建立了大气腐蚀数据库。随后，从 20 世纪 80 年代初期开始，美军国防部以"CALS"（持续采办与寿命周期保障战略）计划为牵引，建立了大量围绕装备全寿命期的工程数据库，旨在将装备寿命保障周期中产生的信息数字化、标准化和集成化，实现数据的一次生成、多次传递使用，以提高数据资源的共享和利用效率。"CALS"计划大致可分为两个阶段：第一阶段是从 1985 年到 1990 年，目标是将技术信息的纸面流通转换为数字流通，并开展功能过程的综合；第二阶段是从 20 世纪 90 年代中期开始的，目标是开发装备系统数据库并进行功能过程的综合。美军以"CALS"计划为切入点全面地推进了其国防部与国防企业的信息化进程，实现了技术信息的数字化交换利用，提高了数据的利用效率，降低了研发费用。目前，"CALS"计划中搭建的工程数据库已服务于美国海军、陆军、空军装备的设计研制部门，以及国防部的研发和建设项目，涵盖了钢铁材料、有色金属材料、高分子材料和复合材料等多个门类。

欧洲各国对数据资源的开发利用主要是由欧共体推动的，在 20 世纪 70 年代末，由英国、法国、德国、比利时、意大利和荷兰等欧共体成员国主导，投资了 1.3 亿美元，选择了 11 类材料作为示范，建设了材料数据信息共享系统，该系统促进了欧共体各国数据资源利用水平的提高。日本的数据资源建设始于 20 世纪 80 年代末，虽起步相对较晚但发展却较快，现已建立了各类数据库上千个。日本金属研究所、日本金属学会建有金属和复合材料力学性能数据库，收录了材料疲劳、断裂、腐蚀和高温蠕变等试验数据，并专门成立了材料信息技术研究所，整合了其过往所建立的 11 个数据系统中的数据信息资源。

在功能实现上，随着计算机应用发展的日益深入，计算机仿真技术已成为一种强有力的技术手段。通过仿真计算，可以充分考虑外部环境、材料种类、产品结构等因素对腐蚀的影响，精确预测腐蚀风险。通过仿真模拟预测发生腐蚀的区域及其速率，为产品防腐设计提供科学精确的数据支持，提高防腐设计水平。国外发达国家对虚拟腐蚀仿真计算的研究一直进行着，并且早已投入实际运用中。20 世纪 60 年代，美国海军投入了大量的资金对舰载机、舰船等结构设备的腐蚀损伤问题进行了大量的研究，论证了腐蚀损伤对结构寿命的影响。20 世纪 70 年代，在美国军用设备标准中，就要求在舰船飞机设计阶段必须考虑其服役环境中腐蚀损伤对舰船、舰载机使用性能的影响。20 世纪 90 年代，在积累了大量实际经验和数据后，开展了腐蚀损伤对设备使用和寿命影响的大规模研究。进入 21 世纪，美国国防部就腐蚀仿真技术与各大院所开展了深度合作（"SBIR"计划），并完成了 F18 机翼支托腐蚀仿真应用。

此外，科学研究上，Samuel 利用有限元方法对低碳钢和镀锌、铝层组成的电偶对进行数值模拟，建立了几何模型，将极化曲线作为边界条件求解 Nernst-Planck 方程，得到了系统电流密度和电位分布规律，模拟结果与试验实测结果具有较好的一致性。Jia 借助边界元方法模拟研究了 AZ91 镁合金与钢电偶对间绝缘垫片厚度对电偶腐蚀的影响，模型运用拉普拉斯方程描述电位分布，将恒电流极化曲线作为边界条件，研究结果表明：垫片厚度增加，镁合金表面最大电流密度和平均电流密度都呈非线性降低。Murer 通过建立数学模型结合局部探针技术研究了 Al-Al4%Cu 的电偶腐蚀行为，模型应用拉普拉斯方程和 Nernst-Planck 方程作为电学和传质控制方程，采用 Butler-Volmer 动电位极化曲线作为边界条件，将求解结果与运用扫描振动电极技术测得电流密度进行对比，验证了模型的可行性。Song 基于一维电偶腐蚀问题推导出腐蚀过程中电流和电位分布的理论方程，然后将电偶腐蚀模型简化为单纯电位-电流分布模型，系统地分析了几个关键因素对电偶腐蚀电流密度和电位分布规律的影响。

2）国内技术进展

我国作为全世界唯一拥有联合国产业分类中全部工业门类的国家，数据和工业应用场景众多。工业全流程涉及研发设计、生产制造、运营维护、经营管理等多个环节，存在多种业务需求。但在技术和商业发展上，我国数据及相关工业软件发展仍处于初级阶段。基础工业软件供给能力依然较低，尽管部分企业在行业软件平台开发中取得一定的成绩，但由于投入较少、规模较小，对提高工业软件整体发展水平作用有限，存在数量不多、质量不高、开源社区建设滞后等问题。

特别是在军工领域，目前我国 80%以上的工业软件依赖进口。通过对各军工集团公司、中物院、中科院、教育部等单位的需求调研和分析可以看到，现有千余项军工工业软件使用需求，但目前只有百余项可进行替代。随着美国对我国高科技领域的封锁管控，相关数据和工业软件已成为国外反对势力遏制我国发展的重要手段，断供风险也日渐加剧。有关部门正立足我国国防科技工业实际，着眼推进军工工业软件自主化发展，现已规划形成一批具有自主知识产权的军工领域大型工业软件，以有效解决武器装备研制中存在的问题，营造自主工业软件的良好生态环境。

典型案例包括：索为公司为航空发动机用户设计的流程、方法、数据、工具软件及各种应用系统进行了有效管理和集成，开发了航空发动机总体、流道、结构、控制系统、机械系统、外部与短舱系统专业工具包，使研发过程规范受控、工作效率提升、大量的数据可视化和满足管理部门审定要求；某钢厂和软件公司合作开发钢材质量检验工具软件，通过对生产线可视化，用机器学习的方法识别其中的划痕、酸洗来替代人工检测，提高了检测成功率，降低了人工成本；北京天泽智云科技有限公司与某高铁研制单位共同研发了高铁故障预测与健康管理车载样机，将基础特征和选定的原始数据传输到数据中心进行知识挖掘、模型开发和决策支持，为轨道交通部门提供优化协同，提高了效率。此外，我国航空工业近年在运×、歼×等型号的研制过程中，利用各种工业软件，使飞机试验工况减少了 30%、试验周期缩短了 30%。

在腐蚀数据信息化方面，国内环境数据资源的利用大体上经历了从纸质手册到离线数据库，再到以互联网技术为依托的数据平台三个阶段。在互联网技术成熟之前，主要采用纸质手册和数据库等离线式的利用方式，已在相关行业内部各自形成了一系列的数据资源，具有一定的数据服务能力。例如，1990年，清华大学材料研究所建成了新材料数据库，其内容包括新型金属和合金、精细陶瓷、新型高分子材料、先进复合材料和非晶态材料5个子库；北京科技大学丰富了材料腐蚀数据库；西北工业大学开发了复合材料数据库；中国民航大学建立了飞机结构腐蚀维修数据库，由基本数据库和飞机结构腐蚀数据库组成，基本数据库对飞机结构腐蚀情况进行管理，分为环境库、腐蚀防护术语库、飞机常用材料库、典型环境—材料腐蚀数据库、飞机信息库、飞机结构腐蚀标准体系库、飞机结构腐蚀库，各数据库以典型环境—材料腐蚀数据库为中心，每个数据库下又设若干数据表，以此呈现造成飞机结构腐蚀的基本信息。

2011年，我国科技部、财政部通过组织专家评审，完成了首批国家科技基础条件平台建设工作（见表2-1）。其中涉及环境数据积累的分别是国家材料环境腐蚀野外科学观测研究平台、中国气象科学数据共享服务网和地球系统科学数据共享平台。其中，"国家材料环境腐蚀野外科学观测研究平台"于2013年更名为"国家材料环境腐蚀平台"（网址：www.ecorr.org）。

表2-1　8个数据共享平台一览表

序号	平台名称	依托单位（主管部门）	平台网址
1	国家材料腐蚀与防护科学数据中心	北京科技大学（教育部）	www.ecorr.org
2	国家林业和草原科学数据中心	中国林业科学研究院（国家林业和草原局）	www.forestdata.cn
3	国家地球系统科学数据中心	中国科学院地理科学与资源研究所（中国科学院）	www.geodata.cn
4	国家人口健康科学数据中心	中国医学科学院医学信息研究所（中华人民共和国国家卫生健康委员会）	www.ncmi.cn
5	国家农业科学数据中心	中国农业科学院农业信息研究所（中华人民共和国科学技术部）	www.agridata.cn
6	国家地震科学数据中心	中国地震台网中心（中国地震局）	data.earthquake.cn
7	中国气象科学数据中心	国家气象信息中心（中国气象局）	data.cma.cn
8	国家基础学科公共科学数据中心	中国科学院计算机网络信息中心（中国科学院）	www.nsdata.cn

国内腐蚀仿真领域的起步较晚，2013年刘贵昌等人建立了Al-Zn-In牺牲阳极与316L不锈钢在海水介质中的阴极保护模型，将实测极化曲线进行分段非线性拟合，采用有限元方法对模型进行求解，讨论了牺牲阳极放置位置、形状和放置方式对被保护钢管表面电位分布的影响规律。2018年王安东基于Nernst-Planck方程和边界元方法，以结构几何形状、材料极化数据和电解液性质为输入，研究了海军某型航空装备铸铝合金壳体与黄铜导轨电偶对腐蚀行为，建立了裸露电偶电极仿真模型。近几年来，腐蚀虚拟仿真平台才逐渐获得各军工装备等领域的认可，国内的腐蚀仿真技术才刚起步，现各大院所已经先后开始了通过图形化建模与仿真计算，考察不同金属、涂层、结构及外部环境等因素对腐蚀的影响，预估腐蚀速率，形成可视化腐蚀热点云图，为装备防腐蚀设计提供有效指导。

3）技术分析

根据国内外进展，存在以下几点差距。

a．产业发展尚不健全。国内工业软件产品已具备一定的技术基础，能够提供一些国产工业软件产品。但与欧美发达国家相比，我国工业软件近30年发展迟缓，产业基础薄弱，面临发展理念落后，关键技术缺失、产品化发展滞后、生态产业不完善、复合型人才匮乏等诸多亟待解决的问题。

b．数据采集手段单一（腐蚀）。目前主要依靠外场挂片试验、实验室加速试验的方法，试验后样片返回实验室进行各项表征分析，以获取相关数据。该种方法对现场设备要求低、实用性强，但存在着异地取样周期长、人工操作主观性强等缺点，不利于数据间的统筹对比分析，亟需减少人工介入，建立相关数据标准，形成仪器化检测方法，提高数据质量，形成清洁、完整与一致的数据湖。

c．腐蚀数据服务能力有待提高（腐蚀）。基础性、离散性数据对装备全寿命周期服务效果有限，亟需深入切合装备论证、研制、生产、使用、维护各阶段，利用现代技术，对数据资源进行改造，从资源驱动向数据驱动、信息驱动、知识驱动和智慧驱动方向发展，扩大数据流量，实现虚拟数据和物理空间的交互，完善模型、仿真、知识应用等各项功能，提高数据服务附加值。

2.2 仪器化数据采集

2.2.1 概述

数字工程建设的前提是本领域存在高质量、大规模的数据。质量+数量决定了数字工程建设的成败。数据质量的优劣，将会影响数字工程建设的效能，如果载体存在缺陷，则会导致业务主体出错，大量的垃圾数据、错误数据长期在工程中积累，将导致系统运行效率明显降低或失败。数据数量的多寡，将会影响模型算法精度，对于小样本、高离散数据的建模分析始终是数值分析工作的一项难题。数字工程建设迫切需要建立数据积累与质量管理制度，在此基础上，集成数据可视化、数据建模能力，降低数据分析门槛，从根本上加强数据的可获得性、可利用性。

1）数据质量

问题来源主要由两个方面，即数据处理过程方面和数据应用过程方面。数据在处理的过程中，主要面临着数据录入错误、测量错误、简化错误和数据集成错误等。而数据在应用过程中，面临着时效性、相关性等问题。数据质量管理主要是对数据采集、数据录入、数据处理、数据维护、数据存储和备份、数据恢复、数据交换和数据运用的过程进行全面质量管理，确保数据能够反映客观世界。常用手段如下。

a. 严格控制数据的收集。数据的准确性和可靠性是建立数据系统和实现仿真的基础，数据产生的时间、数据的来源、数据的最初获取方式，以及数据的记录形式，都将影响数字工程建设的质量。因此，要严格控制数据的收集模式，尽可能利用仪器化检测手段避免人工干预，并明确规定收集信息的种类、渠道、格式等要素信息。

b. 严格控制数据的存储。严格控制数据的存储主要是确保数据系统的安全。数据系统把数据按一定的模型组织起来，提供存储、管理、维护、处理数据的功能，使信息系统可以方便、及时、准确地从数据库中获取所需要的的信息。

c. 建立科学的数据质量管理体系。信息系统的数据直接来源于相关人员的操作，因此，提高组织内部信息系统的数据质量主要就是加强对组织中人员的培训与管理、对设备的计量与校准，对数据产品形成的过程进行控制，对工作质量、业务规范、操作标准等进行持续的改进。

2）数据数量

在装备环境工程中，以腐蚀性能测试为例，其性能参数指标有多种，就金属基体而言，有失重、点蚀深度、硬度、抗拉强度、剪切强度、疲劳寿命等指标；就涂层体系而言，有涂层色差、光泽度、硬度、阻抗、结合力等指标。各项指标均需在实验室环境下完成，其每个测试节点一般又需要3~5个平行样，合并产生一条数据。在传统试验检测方法、有限的试验周期和检测节点下，这种离线的、零散的、手工的数据产出量十分有限，亟需借鉴现代传感、自动控制与通信技术，跨学科融合，批量获得结构化聚合数据，提高数据产出效率与产出量，形成海量高质量数据湖。

以美国为例，美国空军自 2009 年已广泛采用腐蚀监测及传感技术在 150 余个基地（见图 2-5）、7 个飞机平台（见图 2-6）上进行部署，以 5 种基础金属腐蚀速率作为判定条件，使用标准化、统一化的评价手段和体系获取数据。在 2016 年美国政府腐蚀统计报告中（见表 2-2）可以看到，由美国国防系统、航空航天局、能源部、运输部、商务部主导的腐蚀项目中，试验类项目在商务部有 2025 项。其中，自然环境试验项目有 1241 项，占比 61.3%；加速试验项目有 784 项，占比 38.7%。监/检测类项目在商务部有 16334 项，其中，检查类项目 6335 项，占比 38.8%；监测类项目 4575 项，占比 28.0%；无损检测类项目 5010 项，占比 30.7%；其他类项目 414 项，占比 2.5%，各类监/检测技术协同应用，共同作为典型装备、产品及军用基地、工业设施的腐蚀风险判定依据，为军民产品腐蚀检查与预防维护奠定数据和模型基础。

图 2-5 美国空军基地腐蚀传感监测装置

图 2-6 美国空军飞机平台腐蚀传感监测装置

表2-2 美国政府腐蚀统计报告—各类监/检测技术

关键词		部门					
		国防系统		航空航天局	能源部	运输部	商务部
		AMPTIAC	DROLS				
试验	自然环境	378	140	121	239	145	1241
	加速	324	0	31	190	92	784
外观及检查		2655	634	1439	463	516	6335
在线监测		1165	362	2013	375	359	4575
无损检测		2107	618	1274	151	310	5010
中子射线透视		86	30	42	3	12	195
X射线		8	3	5	0	1	19
导波超声		4	0	9	0	3	16
Microwave and NDE		9	1	3	2	18	42
磁光涡流成相		8	7	1	0	0	17
交流磁桥扫描		1	0	0	0	0	1
多频涡流法		0	0	2	0	1	3
热成相		30	10	41	3	24	117
视频辅助外观检查		2	1	0	0	0	4

采用统一、标准的数据采集方法，可有效避免多源异构数据的出现，批量产出数据，提高利用效率，为数据建模处理与趋势判断提供基础。基于上述需求，本书就腐蚀数据仪器化采集方向，提出了腐蚀环境因素与腐蚀速率自动监测系统、机器视觉腐蚀面积识别系统、仪器化涂层划入系统、腐蚀深度激光共聚焦显微镜4个建设目标。

2.2.2 腐蚀环境因素与腐蚀速率自动监测系统

1）需求分析

目前，气象环境监测技术已较为成熟，可实现对温/湿度、气压、降雨、日照、风速风向等气象环境因素的自动监测与传输。然而，在盐雾及腐蚀速率方面，我国盐雾采集主要依照GJB 8894.1—2017《自然环境因素测定方法 第1部分：大气环境因素》、GB/T 19292.3—2018《金属和合金的腐蚀 大气腐蚀性 第3部分：影响大气腐蚀性环境参数的测量》中的采气法、湿烛法、挂片法开展；腐蚀速率采集主要依照GB/T 14165—2008《金属和合金 大气腐蚀试验 现场试验的一般要求》、GB/T 18590—2001《金属和合金的腐蚀 点蚀评定方法》中的失重法、调焦法开展。

受历史条件所限，现有盐雾及腐蚀速率采集主要是采用离线测试方法，即外场采样后返回实验室理化分析，以达到精准测试的目的，这是以往我国装备环境因素观测与采集的有效处理方法。该种方法对现场设备要求低、实用性强，但存在着异地取样周期长、人工操作主观性强等缺点，不利于数据间的统筹对比分析。例如，采用挂片法采集盐雾连续沉积率时，采集结果往往受到操作者清洗力度和清洗频次的影响；采用失重法测试金属腐蚀速率时，测试结果也会受到操作者对腐蚀产物去除程度判断的影响。

2）建设目标

目标1：建设以"氯离子在线监测"和"腐蚀速率在线监测"为代表的腐蚀环境因素与腐蚀动态特征实时采集系统，将数据链丰富为"电化学微尺度-环境因素-宏观气象"多尺度数据表征，实时采集多地域环境与腐蚀动态数据，后端工作提供持续数据流。

目标2：利用机器学习和高性能计算方法，建立从宏观气象到环境因素变化，再到腐蚀行为的关系，分析环境变量耦合作用，厘清环境各因素协同变化与腐蚀行为的映射关系。

目标3：为典型装备服役及军用基地储存环境腐蚀实地监测与评估分级提供软硬件基础，辅助部队及装备主管部门对装备腐蚀损伤风险进行合理评估，为装备腐蚀检查与预防维护提供重要数据和模型参考依据，提高装备使用和决策单位的腐蚀防治工作效率。

3）关键技术

氯离子在线监测：采用水溶法原理，将含有氯离子的定量空气通入定量溶液中，部署细管径色谱柱，使用恒温电导检测器，采用再生电解微膜抑制器，基于离子色谱法原理，测定溶液中氯离子含量和空气中氯离子含量。在此基础上，额外配备双柱塞高压泵，提高淋洗液流速和精度，确保基线稳定，获得极低检出限。末端结合自动化采集与数据传输工具，实现自动化信息采集部署。空气中氯离子在线采集原理典型示意图如图2-7所示。

4）典型工作示意

典型样机模型如图2-8所示、典型腐蚀探头实物图如图2-9所示。

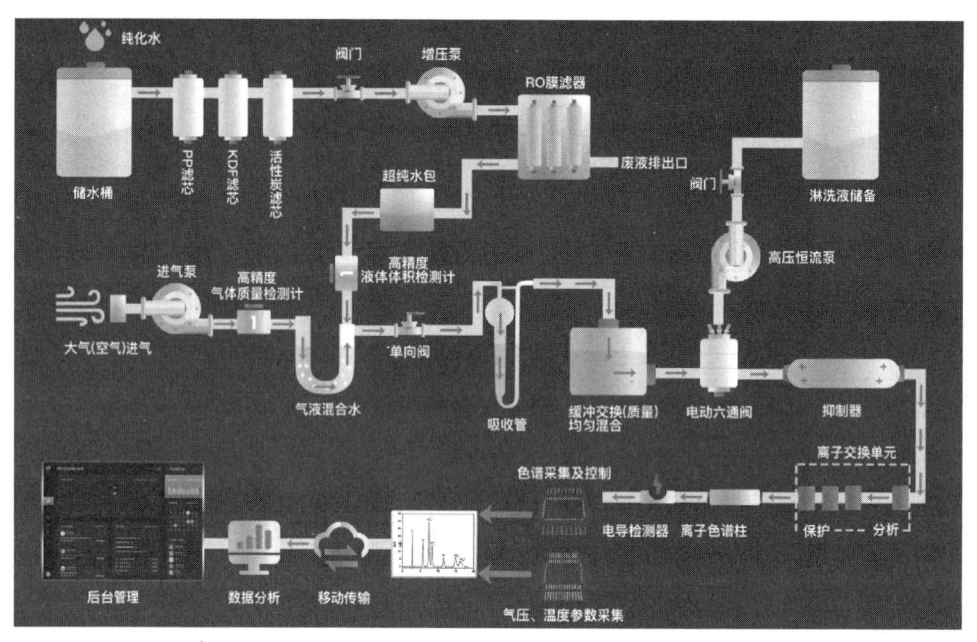

图 2-7　空气中氯离子在线采集原理典型示意图

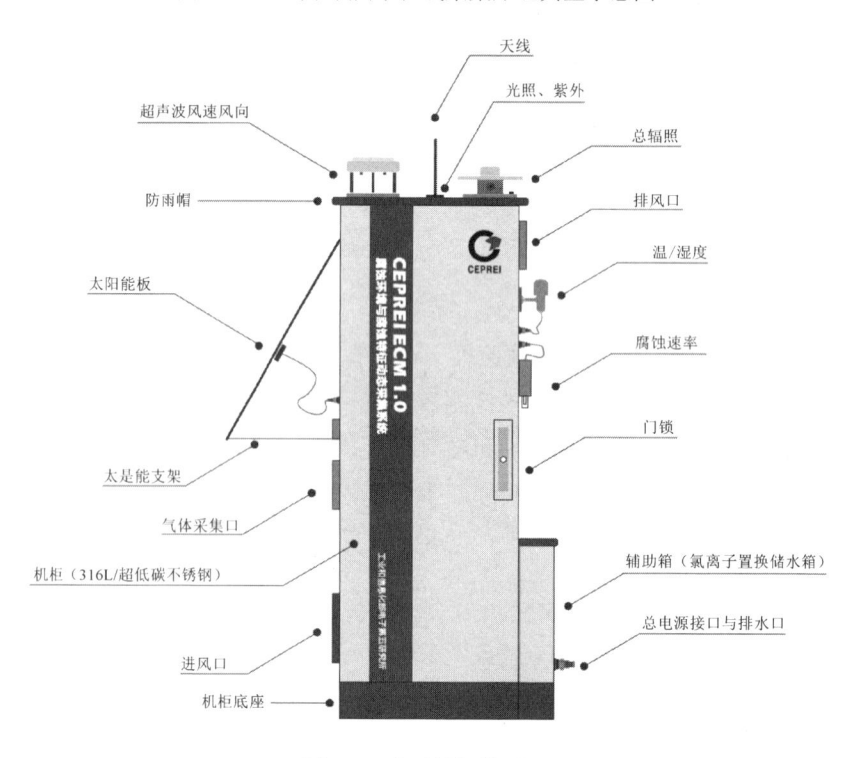

图 2-8　典型样机模型

图 2-9 典型腐蚀探头实物图

2.2.3 机器视觉腐蚀面积识别系统

1）需求分析

各类航空装备材料在使用及试验检测过程中积累了大量的腐蚀图像，针对这些非结构化数据，单纯想要用人工参与的方法来对海量的图像数据进行分类处理，需要耗费大量的时间、人力和物力，而且效率低下、主观程度较高、准确度低。因此，寻找一种能够代替人工的方式对图像进行分类处理的智能算法与系统是非常有必要的，卷积神经网络及分形数学在图像识别领域取得的成功应用可以为腐蚀图像智能识别提供借鉴和参考，以达到将批量非结构化数据转化为数值结构数据的目的。

2）建设目标

在固定光源、固定角度、指定流程下进行宏、微观腐蚀形貌表征，建设腐蚀面积识别系统，仪器化、批量化进行腐蚀面积标注，为后端工作提供持续数据流。同时尽可能排除人为因素及外部环境的影响，提高工作效率。利用现代数据算法，深度解决腐蚀图像识别精度、去除腐蚀产物前后图像形貌关联、面积与深度反演等技术问题，扩宽采集对象和应用对象。

3）典型工作示意

腐蚀面积识别示意图如图 2-10 所示。

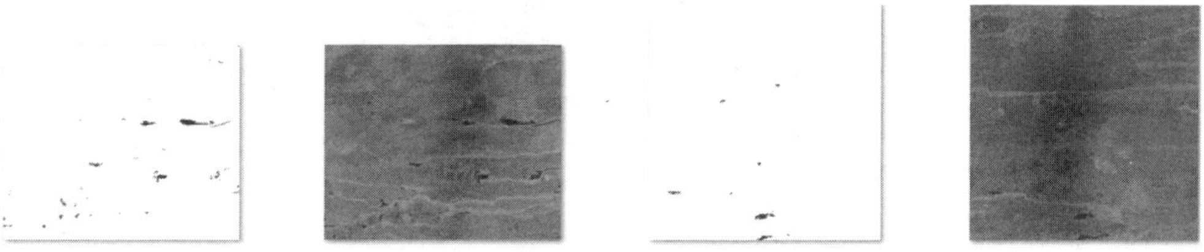

图 2-10 腐蚀面积识别示意图

DSC_3573_crop_黑斑　　DSC_3573_crop_黑斑边界　　DSC_3574_crop_黑斑　　DSC_3574_crop_黑斑边界

DSC_3575_crop_黑斑　　DSC_3575_crop_黑斑边界　　DSC_3576_crop_黑斑　　DSC_3576_crop_黑斑边界

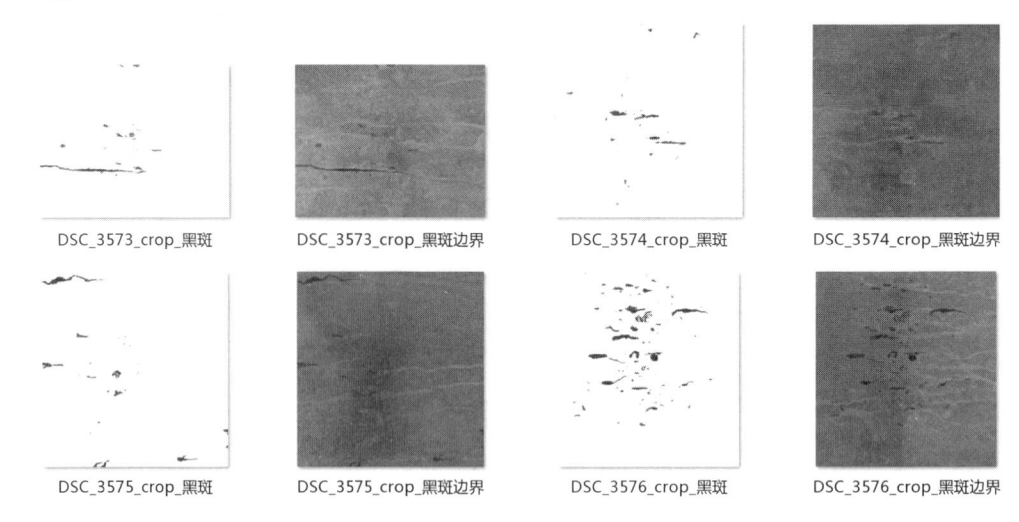

图 2-10　腐蚀面积识别示意图（续）

2.2.4　仪器化涂层划入系统

1）需求分析

批量完成涂层性能评价，获得定量数据。

2）建设目标

批量评价表面涂层质量，替代传统拉脱法、百格法（见图 2-11）等人工耗时工作，使涂层质量工作仪器化、流程化，减少人为因素影响，批量产出涂层结合力、摩擦力、回弹性、硬度、杨氏模量、划伤形貌、三维轮廓、声发射信号等数据。

图 2-11　传统测试方法（百格法）

3）典型工作示意

涂层划入仪测试形貌如图 2-12 所示，涂层划入仪测试数据化如图 2-13 所示。

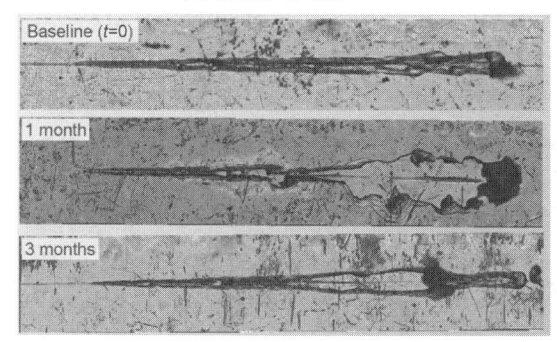

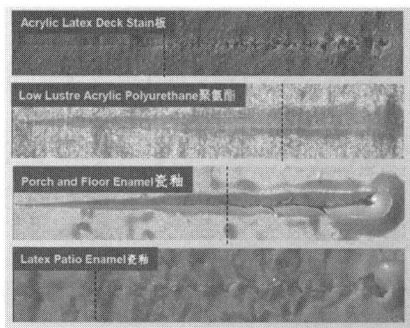

图 2-12 涂层划入仪测试形貌

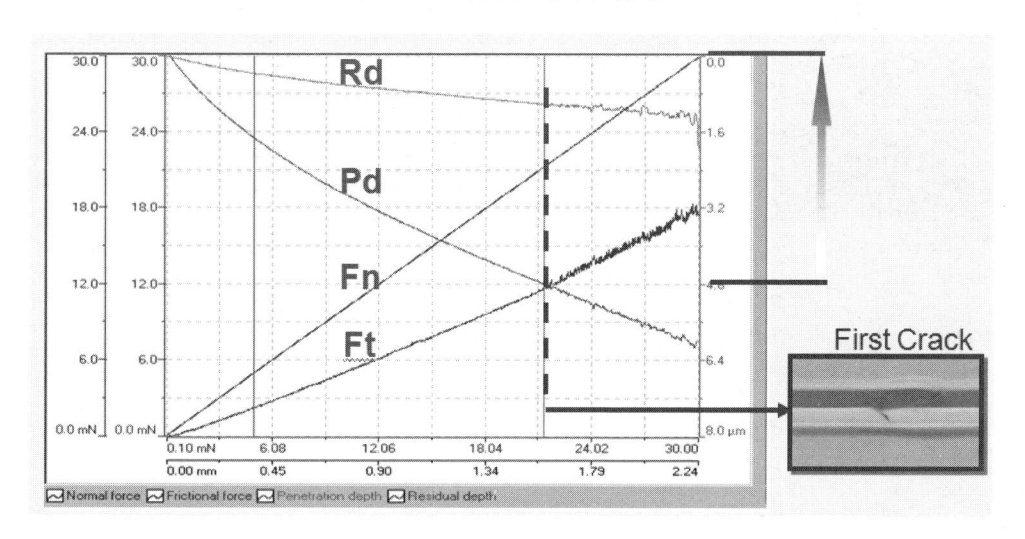

图 2-13 涂层划入仪测试数据化

2.2.5 腐蚀深度激光共聚焦显微镜

1）需求分析

批量获得工程中使用的腐蚀深度数据。

2）建设目标

利用激光共聚焦显微镜，对样件腐蚀深度进行扫描测试，获得视野内全部蚀坑腐蚀深度，统计威布尔分布，获得最大点蚀深度、最小点蚀深度、平均点蚀深度及任意概率密度下的点蚀深度，制作样件点蚀分布云图。批量化产出腐蚀深度数据、腐蚀深度分布云图。

3）典型工作示意

腐蚀深度分布云图及威布尔分布统计结果如图 2-14 所示。

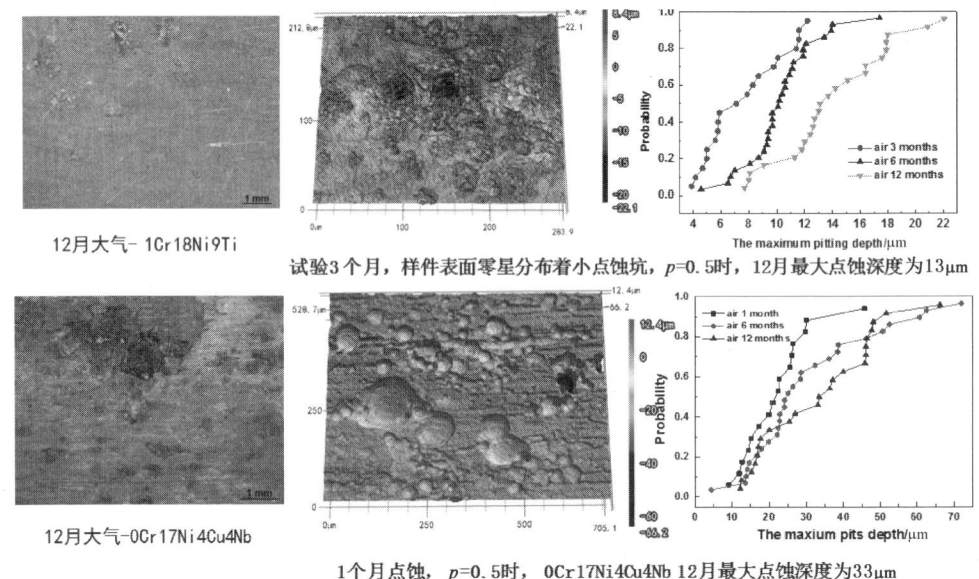

图 2-14 腐蚀深度分布云图及威布尔分布统计结果

2.3 数据模型构建

2.3.1 需求分析

1）时间维度建模

针对单一材料，采用统计学方法、模式识别方法（机器学习等）完成腐蚀多指标（面积、深度、电化学参数、涂层色差、光泽、附着力、厚度）数据建模（见图 2-15），分析腐蚀分布模型（正态分布、对数正态分布、指数分布）、腐蚀发展模型（函数模型、延迟模型、无关模型）、腐蚀因素模型（多腐蚀环境与多腐蚀因素关联分析、主成分分析、模糊聚类等），论述各建模理论、分析方法误差。

2）空间维度建模

按类别，分析各类材料间横纵向关联，分析各环境间横纵向关联，分析加速试验与外场试验数据间横纵向关联，确定当量及其相关性。

多类环境间横纵向关联分析，建立从宏观气象到环境因素变化，再到腐蚀行为的关系，分析环境变量耦合作用，厘清环境各因素协同变化与腐蚀行为的映射关系，阐明内在的数学机制。

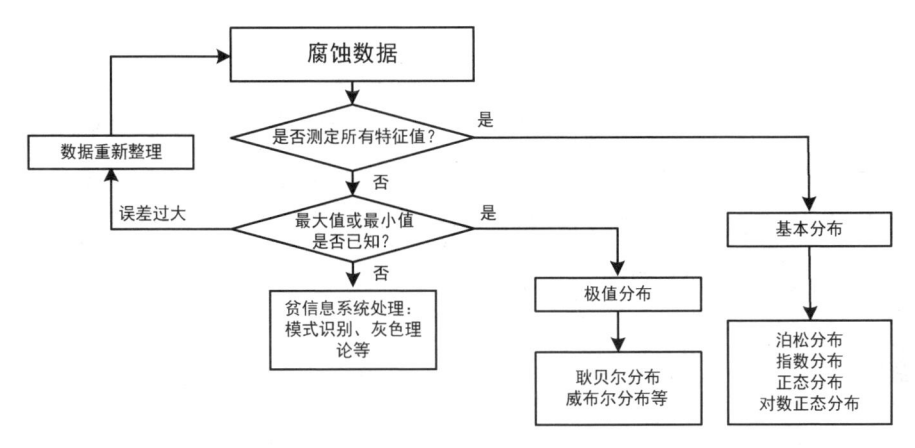

图 2-15　腐蚀数据建模逻辑图

2.3.2　模型搭建平台典型技术路线

采用私有云架构，利用 PaaS 平台搭载的 R Studio、Zeppelin 等工具集，增强 NLP 基础服务、人工智能等对于机会点的支撑能力。基于确定的十几个关键参数，一方面，通过数理分析、机理推导，得出关键参数与腐蚀行为的关联模型，并基于关联模型定性分析出关键参数与腐蚀行为的变量关系、模型结构，以及部分关键参数在一定物理条件下的合理变化范围，初步确定模型部分结构信息。另一方面，基于大量的离线学习样本数据，通过数据挖掘（回归、聚类、分类、关联等）方法对已确定的关联模型进行反复训练优化，得到基于离线数据学习的精确模型。训练后的模型可以在本地部署，形成行业 SaaS 平台或专业建模工具。未来新的数据将源源不断地输入离线训练模型中，动态优化模型算法，完善模型参数。

2.3.3　建模方法

详见本书上册第 7 章。

2.4 仿真系统构建

2.4.1 构建设想

构建全量感知系统，接入在线、远程、分布动态信息数据，结合数字技术能力、仿真技术、腐蚀机理等专业理论知识和技术数据，采用模型数值方法（数据驱动）和机理第一性计算相结合的方式（薄液膜多离子传输理论与腐蚀电化学原理，机理驱动）仿真分析，相互印证改良。部署可视化后处理工具，输出专业化高精度 3D 仿真结果，挖掘有用数据。通过分析腐蚀速率、电势分布、电流密度、材料数据、结构数据，协助用户快速找到优化点，帮助用户能够在设计早期阶段识别腐蚀风险，制定解决方案，降低产品腐蚀风险，提升产品设计水平。在此基础上，进一步建设知识决策功能，形成数字孪生，让隐性知识显性化，将数据转化为信息、信息转化为知识、知识转化为决策。

2.4.2 仿真原理

1）电偶腐蚀仿真原理

采用稀溶液环境下的多离子传输与反应模型：

$$\frac{\partial c_k}{\partial t} + \bar{v}\cdot\bar{\nabla} c_k = z_k F \bar{\nabla}\cdot(u_k c_k \bar{\nabla} U) + \bar{\nabla}\cdot(D_k \bar{\nabla} c_k), \quad k = 1,\cdots,n \tag{2-1}$$

式中，$\frac{\partial c_k}{\partial t}$ 为粒子浓度随时间的变化；$\bar{v}\cdot\bar{\nabla} c_k$ 为对流相，对流对粒子浓度变化的贡献；$z_k F \bar{\nabla}\cdot(u_k c_k \bar{\nabla} U)$ 为迁移相，带电粒子在电场下迁移对粒子浓度变化的贡献；$\bar{\nabla}\cdot(D_k \bar{\nabla} c_k)$ 为扩散相，由粒子扩散运动对粒子浓度变化的贡献。

式（2-1）解释了溶液中粒子浓度随时间的变化等于负的对流相（与电解质溶液流速有关）加迁移相（与溶液中电场和离子种类有关）加扩散相（与电解质溶液不同区域浓度差有关）。这个方程适用于所有粒子种类，但在式（2-1）中，c_k 和 U 都是未知的，需要 $k+1$ 个方程求解，因此需要联立式（2-1）和电中性方程：

$$\sum_{k=1}^{N} z_k c_k = 0 \tag{2-2}$$

但在实际的建模仿真计算中，根据实际环境做如下假定。

a. 金属表面的液膜通常为稀电解质溶液，因此我们假定该液膜中的溶液是混合均一的，不存在电解质浓度差异。

b. 假定液膜是静止的，液膜中不存在溶液的对流。

c. 假定金属的电化学腐蚀过程为稳态过程，因此粒子浓度不会随时间变化。

在以上三个假定基础上，式（2-1）则可化简为

$$z_k F \bar{\nabla}.(u_k c_k \bar{\nabla} U) = 0, \quad k = 1,\cdots,n \tag{2-3}$$

将式（2-3）中各参量乘积看成一个新的常量：电导率，可得到拉普拉斯方程：

$$\bar{\nabla}.(-\sigma \bar{\nabla} U) = 0 \tag{2-4}$$

其中，

$$\bar{J} = -\sigma \bar{\nabla} U \tag{2-5}$$

即欧姆定律。

2）均匀腐蚀仿真原理

对于均匀腐蚀，求解的基础方程同样采用多离子传输质量守恒模型及电中性方程联立求解：

$$\frac{\partial c_i}{\partial t} + \bar{v}.\bar{\nabla} c_i = z_i F \bar{\nabla}.(u_i c_i \bar{\nabla} U) + \bar{\nabla}.(D_i \bar{\nabla} c_i) + R_i \tag{2-6}$$

$$\sum_i z_i c_i = 0 \tag{2-7}$$

电势模型采用拉普拉斯方程作为基础方程：

$$\bar{\nabla}(\bar{j}) = 0 \tag{2-8}$$

对于均匀腐蚀，可以将其分解为3个基础反应进行详细求解，即金属氧化反应、氧的还原反应和析氢反应。

$$Me + xe^- = Me^{x+} \tag{2-9}$$

$$2H_2O + O_2 + 4e^- = 4OH^- \tag{2-10}$$

$$H_2O + 2e^- = H_2 + 2OH^- \tag{2-11}$$

以上基础反应采用 Butler-Volmer 模型方程、塔菲尔（Tafel）公式进行求解：

$$\eta = a + b\lg I \tag{2-12}$$

3）缝隙腐蚀仿真原理

对于整个计算体系，多离子质量传递守恒：

$$N_j = -D_j \nabla C_j - u_j z_j C_j F \nabla V \tag{2-13}$$

质量守恒：

$$\frac{\partial C_j}{\partial t} + \nabla(N_j) = R_j \tag{2-14}$$

将上述两式相加，得到 Nernst-Planck 方程：

$$\frac{\partial C_j}{\partial t} = D_j \nabla^2 C_j + z_j u_j F \nabla(C_j \nabla V) + R_j \tag{2-15}$$

对于静电场体系，用泊松方程进行描述：

$$\sigma = \frac{F^2}{RT} \sum_j z_j^2 D_j C_j \tag{2-16}$$

$$\nabla^2(V) = -\frac{F}{\varepsilon_0 \varepsilon_r} \sum_j z_j C_j \tag{2-17}$$

$$i = F \sum_j z_j N_j \tag{2-18}$$

再结合 Nernst-Einstein 方程：

$$u_j = \frac{D_j}{RT} \tag{2-19}$$

联立求解可以得到整个系统内的电势分布：

$$\nabla V = -\frac{i}{\sigma} - \frac{F}{\sigma} \sum_j z_j D_j \nabla C_j \tag{2-20}$$

对于整个体系，存在电中性条件：

$$\sum_j z_j C_j = 0 \tag{2-21}$$

再联立化学反应动力学方程：

$$\prod_j C_j^{v_{ij}} - K_i = 0 \tag{2-22}$$

$$C_j = C_j^{\text{init}} + \sum_{i=1}^{n} X_i v_{ji} \tag{2-23}$$

联立式（2-20）、式（2-21）、式（2-22）、式（2-23）可得到偏微分方程组，求解计算即可得到体系内腐蚀电流分布结果。

2.5 可视化构建

2.5.1 概述

可视化是将数据用视觉的形式表达的方式，利用现代信息技术，将数据转换为图表、静态图片或动态图像展示出来，其涉及计算机视觉、美学、计算机图像处理等多个方向，是研究数据表达、数据分析的有效手段。

2.5.2 一般数据可视化表达

美国计算机科学家本·施耐德曼将可视化数据分为一维数据、二维数据、三维数据、多维数据、时态数据、层次数据和网络数据，并发展出多种可视化表达方式。就数据展示目的的不同，可分为比较、分布、联系、构成四种用途。

1）比较可视化表达

a. 基于时间比较。可使用雷达图（循环数据）、单曲线图（非循环数据）、等宽柱形图（单个或少数分类）、多曲线图（多种分类）。

b. 基于分类比较。可使用不等宽柱形图（每类2个变量）、表格（单变量多类）、条形图（单变量多类）。

2）分布可视化表达

a. 单个变量。可使用直方图（少数据点）、正态分布图（多数据点）。

b. 2个变量。可使用散点图。

c. 3个变量。可使用曲面图。

3）联系可视化表达

a. 2个变量。可使用散点图。

b. 3个变量。可使用气泡图。

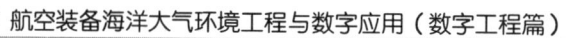

4）构成可视化表达

a. 随时间变化构成。可使用堆积百分比柱形图（相对差异）、堆积柱形图（绝对差异）、堆积百分比面积图（相对差异）、堆积面积图（绝对差异）。

b. 不随时间变化构成。可使用饼图（占总体的比例）、瀑布图（累计或扣减到总计）、复合堆积百分比柱形图（多层次构成）。

2.5.3 大数据可视化表达

1）多维数据可视化表达

多维数据中每类数据具有多种性质，对多维数据的处理，需要聚焦特征值，分析各类数据的相关性和差距。通过线性或非线性变换达到降维的目的，使其在常用二维或三维空间中得以表达。常用的多维数据可视化表达方式有空间映射、图标法、基于像素的可视化方法。

2）时态数据可视化表达

时态数据可视化表达常用方法包括轨迹图、线形图、动画、堆积图、时间流图等。

3）层次数据可视化表达

层次数据可视化表达常用方法为树图。

2.5.4 可视化工具

1）开源工具

开源工具包括 Processing、OpenLayers、Many Eyes、Leaflet、D3.js、Modest Maps、ECharts、Mapbox GL、Google Chart、Deck.GL、Flot、Gephi、MapV、Envision.js、Prefuse、Arbor.js、Chart.js 等，用于数据统计、计算、绘图。

2）商业工具

商业工具包括 Tablrau、FineBi、Dituhui、Adobe Illustrator、GeoHey、High Charts、iCharts 等，可提供图表库，用于完成可视化构建。

2.5.5 环境工程可视化构想

1）数据维度分析

典型航空装备环境数据体系如图2-16所示、环境试验数据体系如图2-17所示。在环境数据体系方面，单就温度、气压、氯离子等环境要素而言，其属于典型一维时态数据，可视化处理相对简单。然而，宏观环境是由各类天气现象组成的（大雾、降雨、寒潮、大风等），每类天气现象中又由多类环境要素构成，各要素之间相互关联，且作用效果不一，属于典型多维时态数据。在环境试验数据体系方面，装备是由多类构件组成的，构件是实现装备功能的基本单元，又由多种材料、工艺、结构组成，并在载荷、地域环境、保障因素共同作用下经受损伤。其中，环境损伤主要体现在构件材料、工艺性能参数指标的变化上，以腐蚀性能为例，其参数指标也有多种。就金属基体而言，有失重、点蚀深度、硬度、抗拉强度、剪切强度、疲劳寿命等指标；就涂层体系而言，有涂层色差、光泽度、硬度、阻抗、结合力等指标。由此可见，装备环境工程涉及因素复杂，全过程涵盖多类构件、多类材料工艺、多类性能指标在多类环境下的数值表现，并需要将以上数值行为分别分类、统一描述，最终组成装备整体，属于复杂多维时态层次数据。

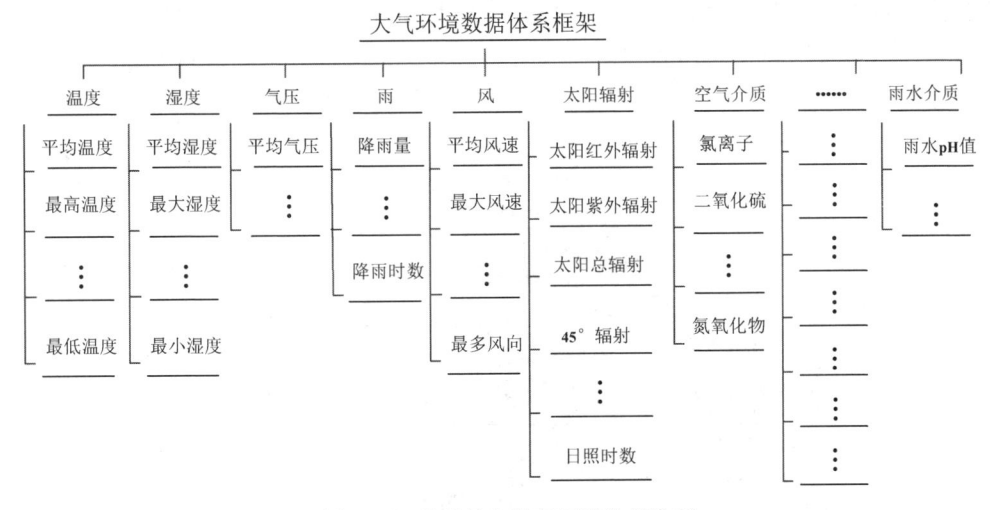

图2-16 典型航空装备环境数据体系

图 2-17 环境试验数据体系

2）典型界面结构可视化

采用可视化界面模式进行开发，针对用户数据需求特点，按装备系统层级进行需求分析，对数据系统结构和框架进行设计（见图2-18），构建一、二、三级梯度界面，确定各界面工作对象、工作内容、功能要点，形成设计方案。其中，一级界面应尽可能依据装备实际组成构建，便于用户使用，提高数据利用效率。二、三级界面应专注功能化、模块化特质服务，深入挖掘数据价值，提高数据利用的广度和深度。典型二级界面设计思路如图2-19所示，典型三级界面设计思路如图2-20所示。

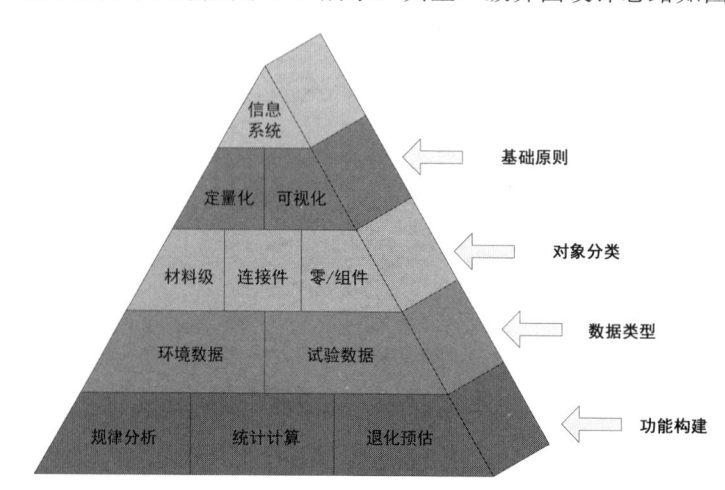

图 2-18 环境工程数据系统典型框架

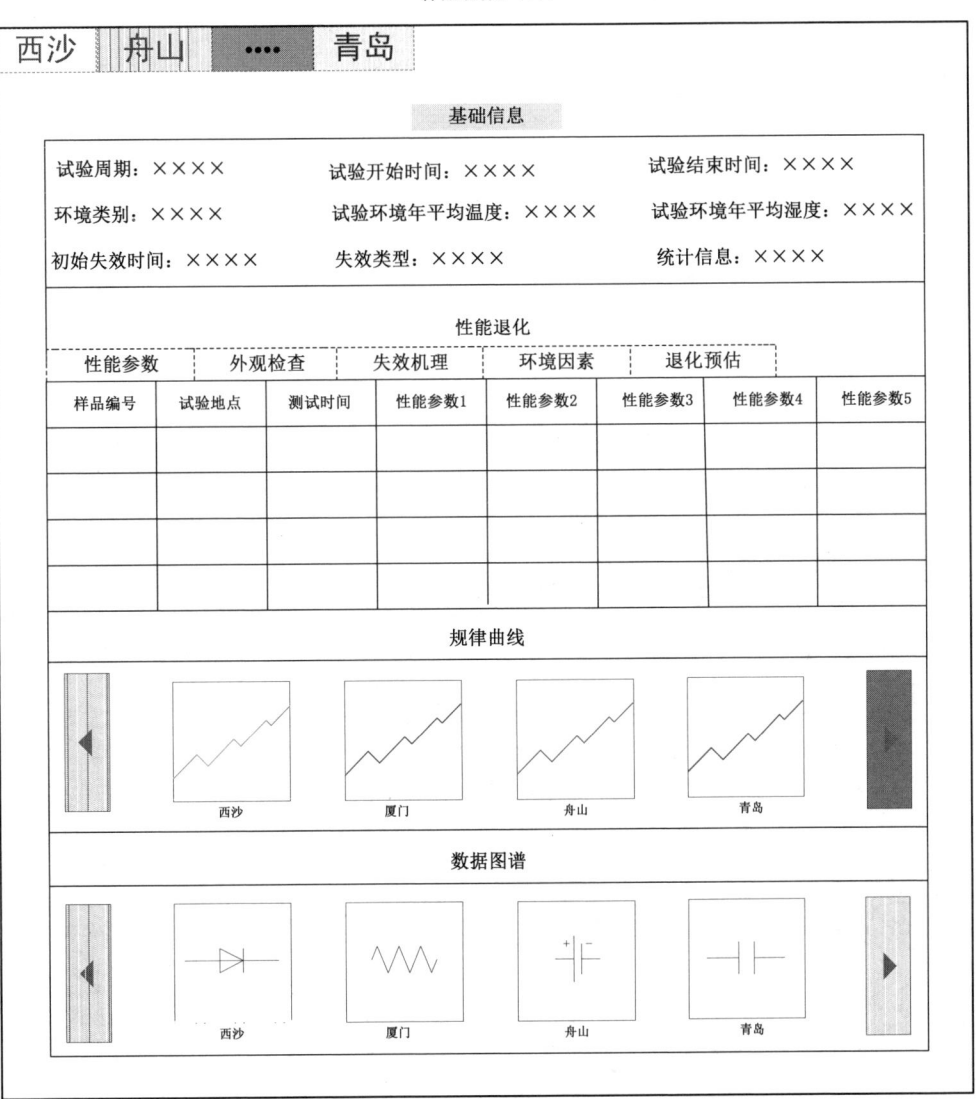

图 2-19 典型二级界面设计思路

| 电性能参数 | 外观检查 | 失效信息 | 可靠性参数 | 性能参数分析 |

请选择样品编号！

样品编号	贮存地点
1	长春
2	无锡
3	广州
4	西沙

样品编号4 ─○─ 插入损耗

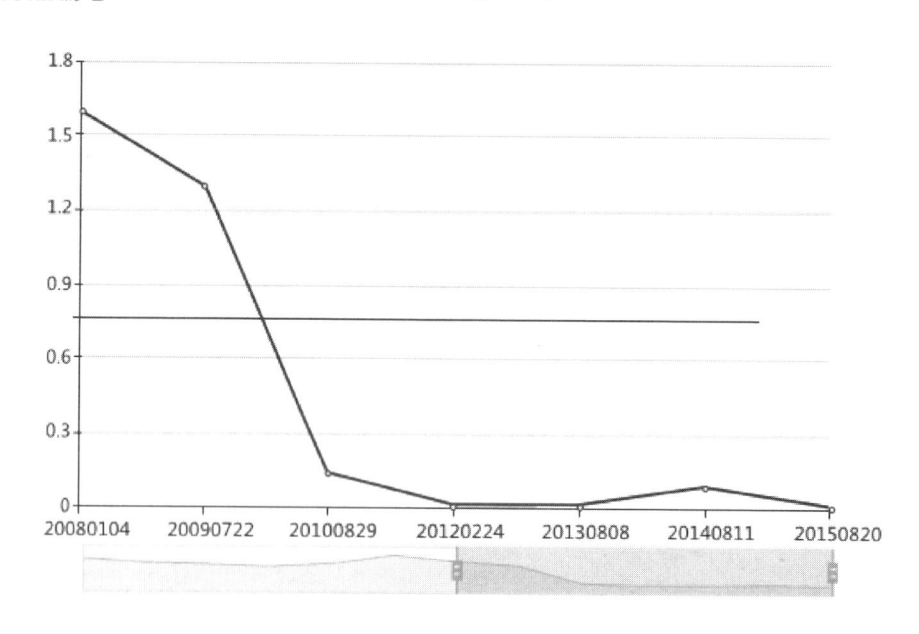

（a）退化分析

图 2-20　典型三级界面设计思路

名称	型号规格	生产单位	贮存地点	操作
瓷介微调电容器	CWC39J25	999厂	西沙	寿命预测
高稳定金属膜固定电..	RJ23-20-OHMD	718厂	广州	寿命预测

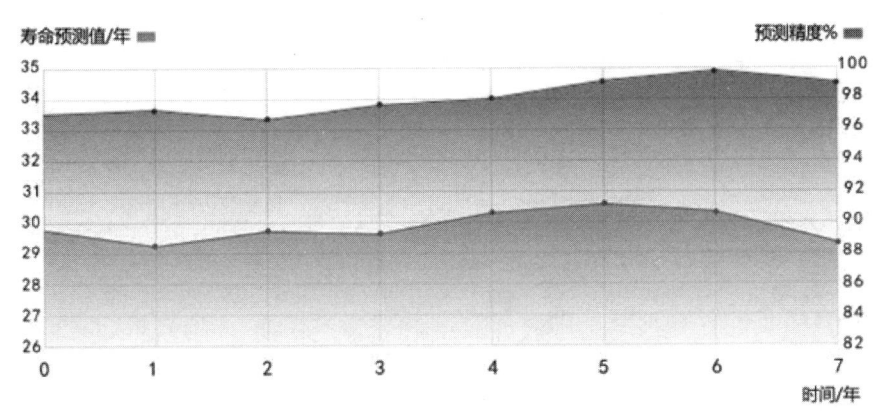

（b）退化预估

图 2-20　典型三级界面设计思路（续）

第3章

航空装备腐蚀数字孪生

在"工业4.0"的时代背景下,以数字化、智能化连接到终端,代替自动化成为未来的核心技术。数字工程的提出,是为了应对日益复杂的装备问题,为了更快地向作战部队交付先进的航空装备,同时具有可控的经济成本及持续的可维护性。数字孪生作为数字工程的核心支撑技术之一,随着物联网和大数据的兴起被逐渐推向了前台,美国空军将数字孪生技术视为可以改变游戏规则的颠覆性机遇。与此同时,中华人民共和国国家发展和改革委员会于2020年4月发布的《关于推进"上云用数赋智"行动 培育新经济发展实施方案》,其中数字孪生概念被多次提及,其关注程度已经和云计算、人工智能、5G、物联网等一并上升到了国家前沿战略性创新技术的高度。

3.1 数字孪生内涵

数字孪生是一个集成多学科、多物理量、多尺度、多概率的仿真过程,通过充分利用物理模型、传感器、历史数据等在虚拟空间中完成映射,反映对应实体装备的全寿命周期过程,从而构建出一个或多个重要的、彼此依赖的系统数字映射模型。由于数字孪生技术具有精确映射、虚实交互、智能干预的特点,就航空装备腐蚀防护现实需求而言,随着航空工业数字体系与数字孪生技术的逐步成熟,其必将在航空装备海洋环境工程中发挥至关重要的作用。美国航空航天学会(AIAA)在2020年12月批准发布了数字孪生官方权威定义的文件,明确从航空航天工业的角度指出:数字孪生是模拟单个或一组物理资产的结构、环境和行为的一系列虚拟信息集合,通过物理实体的整个生命周期(覆盖设计—制造—服役三大阶段)中产生的数据进行动态更新,并且每个阶段提供决策所需的信息。数字孪生可以将多层级的物理模型、确认实验和人工智能方法结合起来,并成功用于设计阶段的物理样机、物理测试和服役阶段的健康评估、故障预测中。它可以以更高的精度、可信度和速度来模拟服役环境下的装备性能。

3.1.1 数字孪生的概念

数字孪生技术具有精确映射、虚实交互、智能干预的特点。精确映射是指通过在物理模型上安装足够多的传感器,对物理模型进行全寿命周期的状态全量感知与动态监测,从而使数字孪生在数字空间内对物理模型进行精准信息表达和映射;虚实交互是指物理模型中各种状态信息与数字孪生中要素进行一一对应,使用户可以通过数字孪生了解到物理模型的相关信息;智能干预是指通过对数字孪生在物理模型的各种使用环境下的模拟仿真,了解物理模型在该使用环境下可能产生的不良影响及潜在危险进行智能预警,并提供相应可行的对策建议,从未来视角的角度干预物理模型的发展轨迹,使物理模型朝着更加深远的方向发展。

在德国,数字孪生重点在于装备数字化设计这一方面,其主要体现为装备全寿命周期管理解决方案,即通过装备全寿命周期的设计、工艺、制造、服务、退役和报废等数据在虚拟空间中进行映射,反映以装备为核心,从装备到整体解决方案再到服务的装备全寿命周期过程。西门子公司利用数字孪生技术,对其旗下的产品在设计、生产、维护等环节进行仿真分析,从而提高其产品全寿命周期管理的质量。图 3-1 所示为德国工业典型数字孪生的思路图。同时,还有一些公司联盟,正在构建可以互联一切的平台,如工厂中设备的智能产品,运行中的机器等。平台通过连接所有的设备,并通过传感器收集相关数据,让其工作流程变得更加透明,更加方便管理人员对其业务进行统筹管理。通过万物互联、数据挖掘与数字孪生提高工作效率,创造更加优质的装备来满足客户需求。

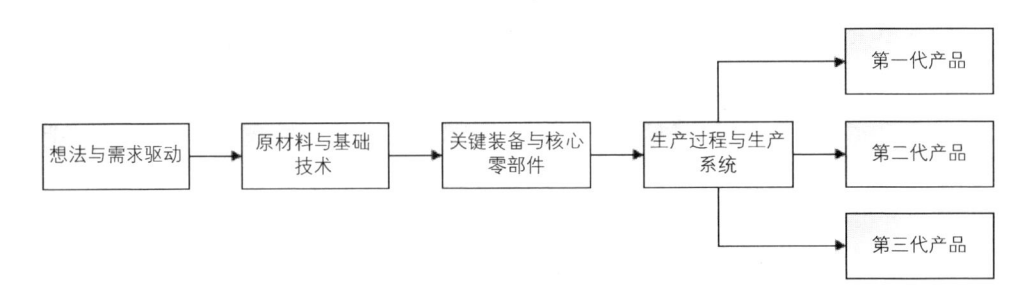

图 3-1 德国工业典型数字孪生的思路图

在美国，数字孪生主要以数据为核心，构建相关数字模型进行仿真分析，同时结合物理实体的实时运行数据完善仿真分析，实现对实体的运行优化控制。以航空装备为例，美国空军已成功运用数字孪生技术设计其新型原型飞机，通过构建"罗马大角斗场"，各类可能的型号设计体在其中进行方正试验，以提高航空装备开发商测试新研发技术效果，并且大幅提高了装备设计与测试效率；NASA 使用数字孪生技术对飞行中的空间飞行器进行仿真分析，监测和预测空间飞行器的飞行状态，辅助地面控制人员做出正确的决策。

目前，我国通过物联网技术+自主算法+商软工具集成的方式，以工业软件技术为载体，并结合失效物理模型、数据驱动模型与动态、静态数据，共同组成数字孪生体，完成关键装备的设计和运维工作，探索实现数字孪生，并在此过程中发现问题，逐步攻关以形成我国工业数字孪生体系，其中已发现的典型问题如下。

（1）几何模型。工业绘图软件众多，不同工业绘图软件的绘制规范存在差异，从而导致相关的零件图和装配体图数据异构。

（2）材料数据。现有材料性能测试标准及数据重复性尚有很大的提升空间。

（3）数值仿真。相关数据体系难以支撑控制方程组的关系建立，同时无法直接在几何模型上进行网格划分。

（4）损伤演变。行业内相关数据积累、特征提取、数据驱动模型及评价标准相对薄弱。

（5）飞行、运维、气动模型数据更有待进一步研究。

（6）相关软件的可视化程度及数据处理能力有待提高。

3.1.2　技术进展

1969 年，美国在执行阿波罗项目时，首次提出了"孪生"这一概念。早期的"孪生"主要是"物理孪生"。例如，NASA 在执行阿波罗项目时，制造了两个完全相同的航空器，虽然两者并没有直接的信息交互与数据连接，但相关工作人员可以通过留在地面的航天器，在一定程度上了解和预测在地外空间执行任务的航天器的状态，并据此进行实体试验、任务训练和辅助任务分析与决策。"物理孪生"这种方法被提出后不久，就被大量应用于航空航天系统中，但随着航空航天系统的不断发展与完善，航空航天系统日趋精密化、航空航天任务日趋复杂化及航天数据日趋海量化，"物理孪生"难以满足航天器动态、准确的仿真、分析、验证和预测需求。因此,在"孪生"概念的基础上发展一种成本可控、精度可靠的航天器仿真、优化、管理技术势在必行。

数字孪生概念最早出现在 2003 年,由 Grieves 教授在美国密歇根大学的产品全寿命周期管理课程上提出,是一个诞生于 21 世纪的"新"概念。但由于当时的科学技术水平和认知层次很难支撑数字孪生这一概念的实现,数字孪生的概念并没有得到重视。2011 年,NASA 和美国空军研究实验室合作,将数字孪生定义为一种面向飞行器或系统的高度集成的多物理场、多尺度、多概率的仿真模型,能够利用物理模型、传感器和历史数据等反映与该模型对应的实体的功能、实时状态及演变趋势等,并提出了构建未来飞行器的数字孪生体。后来,美国国防部最先运用数字孪生技术,通过在数字空间构建其需要研究装备的数字孪生体,并通过在被研究装备上安装足够多的传感器,收集相应的数据信息,从而使模型与实体的真实状态完全同步,以期达到装备每次使用后,可以根据模型仿真数据评估是否需要维修、该装备能否承受下一次任务载荷等,从而提高了装备的健康维护与保障效率。自此,数字孪生的概念正式进入公众视野并得到了广泛关注。

波音公司通过数字空间,为其旗下某型飞机创建了相应的数字孪生体,通过在数字孪生体上加载贴近装备真实服役环境的物理场,研究数字孪生体在各种单独或者复合物理场影响下的仿真结果,以此评价航空装备在某相应环境下使用时的全寿命周期,这样可以大大提高航空装备的可制造性、装配性、环境适应性、使用安全性和可维护性。波音公司典型航空装备数字孪生模型的构建如图 3-2 所示。

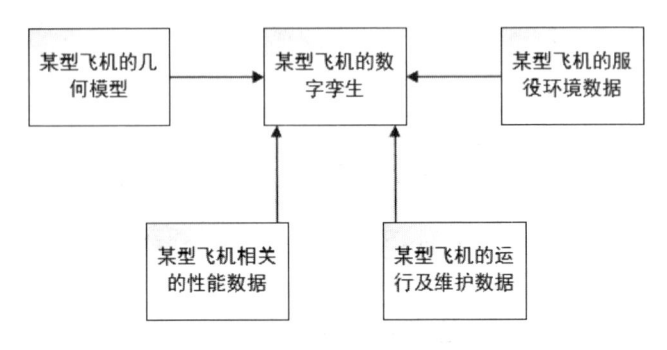

图 3-2 波音公司典型航空装备数字孪生模型的构建

通用电气公司通过数字孪生技术,在数字空间内构建了一套代表通用电气所使用的设备和流程的数字孪生体,提高了通用电气对其旗下设备和流程的控制与分析能力，实现了工业互联网，提高了其自身的生产力和产品的竞争力。美国洛克希德·马丁公司为了提高某型战斗机的生产效率和质量，将数字孪生引入到某型战斗机的生产过程中，改进其工艺流程。此外，ANSYS、特斯拉、SNC-兰万灵等公司皆在其领域内或多或少地使用了数字孪生技术。随着数字孪生的快速推进，数字孪生技术在 2016 年和 2017 年被全球最具权威的 IT 研究与顾问咨询公司 Gartner 列为当年十大战略科技发展趋势之一。与此同时，数字孪生在 2017 年 11 月被世界最大的武器生产商洛克希德·马丁公司列为未来国防和航天航空工业 6 大顶尖技术之首。2019 年 11 月，美国海军信息战系统司令部通过基于模型的系统工程（MBSE）、综合字典和需求框架构建了首个数字孪生模型——数字林肯，并将其与"林肯"号航母进行互联。其旨在使装备研发和工程信息共享保持一致性；综合字典在工程师构建数字模型时为其提供可用的零件清单；系统工程指导如何将零件组装在一起，需求框架则负责描述数字模型间的可追溯性，以便跟踪零件的连接方式和连接原因。达索航空公司通过数字孪生相关技术，建立了虚拟开发与仿真平台，并将该仿真平台运用于某型战斗机和某型公务机的设计改进过程中，从而大大提高相关机型的制造效率和质量，避免了大量的财产损失。

3.1.3 实施方法

图 3-3 所示为航空装备典型数字孪生的运行思路，由图中可以看出，数字孪生主要包含 4 个维度，即物理实体 R、数据传输 D、服务 S、虚拟体 V。

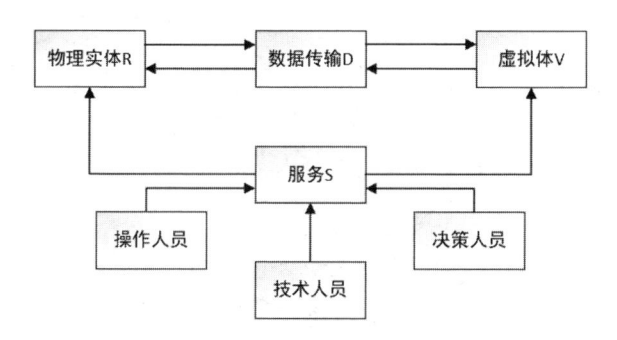

图 3-3 航空装备典型数字孪生的运行思路

（1）物理实体 R：需要进行数字孪生的物理实体。

（2）虚拟体 V：主要是两大类模型，即几何模型和物理模型。

（3）数据传输 D：从传输过程层面来说，主要包括数据采集、通信及协议、数据处理、数据存储、安全；从数据来源层面来说，主要包括实体数据、模型数据、知识数据、异构数据融合及数据规模控制。

（4）服务 S：服务主要是针对使用数字孪生的群体，对不同用户群体实现功能区分。

数字孪生的实施必然建立在物理实体 R、虚拟体 V、服务 S 三者之间流通的基础之上。数字孪生实施的核心技术由数据传输 D 的统一、可靠性与虚拟体 V 的效率、精度共同决定。服务载体的稳定性和易用性决定了人员操作、理解的效率和理念普及。

数字孪生的具体实施流程主要有以下三点。

（1）物理实体及数字孪生用户群体的确定。

（2）掌握现有数据形式和传输方法，再确定异构数据融合方式（硬件和软件）。

（3）虚拟体和服务的确定。

数字孪生体典型搭建思路如图 3-4 所示。

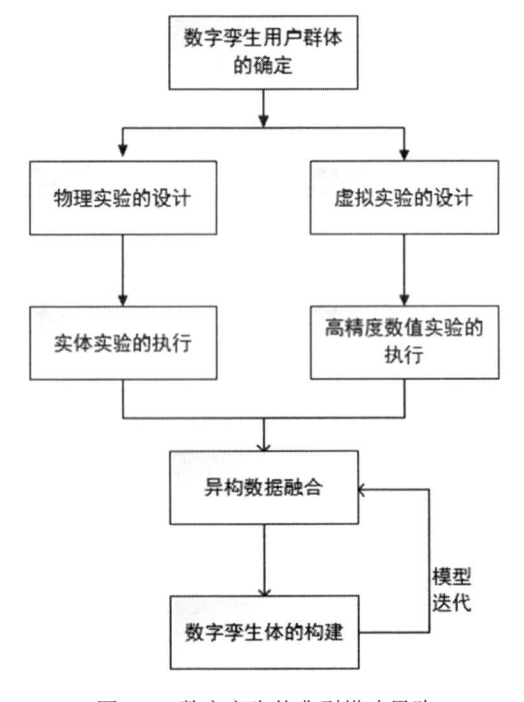

图 3-4　数字孪生体典型搭建思路

3.2 数字孪生的支撑技术

3.2.1 快速模型技术

现阶段模型技术大多是基于求解精度受限于离散程度的复杂计算,面对几何尺寸较大的物体,如舰船、航空装备等,求解过程用时动辄以小时和天为单位,有时甚至会达到数月。改善这种不利情况的典型方法就是使用代理模型来提高模拟仿真几何尺寸较大物体的精度和效率。代理模型是一种纯数学分析模型,具有建模计算结果与原模型计算结果大体一致、求解计算量小、计算成本低等优点,已被相关仿真及计算研究人员广泛应用,如潘志雄等利用径向基函数代理模型,研究了飞机传感器的总体优化设计;陈国栋等使用基于自适应径向基函数的多目标优化算法,设计了多组方案,极大地优化了薄壁车身耐撞性。

代理模型技术主要包含以下两方面的内容。

(1)基于试验设计方法,输入变量空间中确定样本点的规模及样本点的位置,并利用数值仿真模型计算出样本点处输出变量值。

(2)将输入变量和输出变量代入到代理模型中,训练得到近似代理模型,完成代理模型的构建。

代理模型技术的构建核心是在输入变量空间内抽取一定数量的试验设计样本点,然后通过相应试验技术得到这个样本点所对应的响应值,通过训练已知样本数据集构造近似代理模型,从而对输出变量与输入变量之间的函数关系进行近似。

图3-5所示为典型代理模型建立流程,通过仿真建模获得对应的响应值,其典型步骤如下。

(1)确定设计变量、约束和目标函数。根据工程实际要求,确定具体问题所涉及的变量、约束和要优化的目标函数。

(2)试验数据的分类(训练集、检测集)。选取试验数据,将数据分为训练集和检测集,训练集用于构建模型,构建输入变量与输出变量之间的数学关系,检测集用于评估所建模型的应用能力,即模型在使用中的精度。

(3)通过仿真建模获得观测值。通过对仿真模型输入参数,得到相应的输出参数。

（4）代理模型的建立及模型精度的评价。选择适合的代理模型构建方法，将输入参数与输出参数分为训练集与检测集，使用训练集构建相应的代理模型，使用检测集检测相应的代理模型。通过使用相应模型验证及评估方法对构建的模型进行精度验证，如果模型的精度达到应用要求或者用户群体的要求，则可以将该代理模型投入到实际应用中。如果代理模型不满足用户群体的要求，则需要通过增加输入参数的数量或者重新选择输出参数等方式重新训练代理模型，直至代理模型达到用户群体的要求。

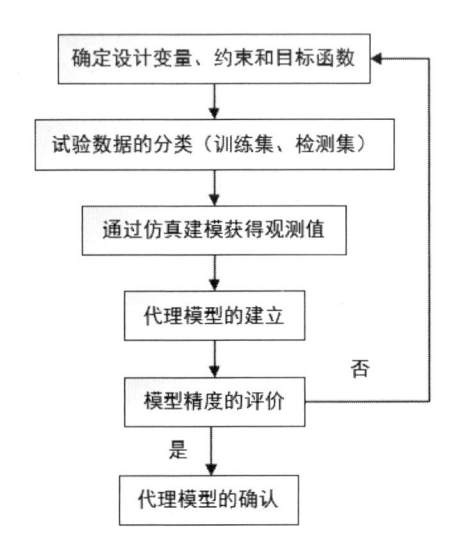

图 3-5　典型代理模型建立流程

3.2.2　机理模型技术

机理模型，也称白箱模型，它是根据对象、生产过程的内部机制或者物质流的传递机理建立起来的精确数学模型。它是基于能量平衡方程、动量平衡方程、相平衡方程等方程或定律而获得对象或过程的数学模型。机理模型的优点是参数的物理意义非常明确，且易于调整，具有很强的适应性。而机理模型的缺点是对于某些对象，研究者还难以写出它的数学表达式，或者表达式中的某些系数尚未能精确确定，或者机理模型需要大量难以获取的参数，这都会影响到机理模型的模拟效果。

随着理论计算技术的迅速发展，腐蚀机理模型的相关研究也得到了快速发展，腐蚀机理模型技术在航空装备的设计与使用等领域被广泛运用，对相关领域的发展起到了重要的作用。以航空装备金属材料为例，目前有三种机理模型在腐蚀领域被广泛运用：在宏观尺度上，基于断裂力学的计算方法；在微观尺度上，分子动力学方法和基于密度泛函的第一性原理；在介观尺度上，基于电化学的热力学和动力学的计算方法。

1）基于断裂力学的计算方法

应力腐蚀寿命主要包括三个阶段，即起始寿命（或孕育期、潜伏期）、扩展期及快断期。起始寿命是指从材料投入使用后直至裂纹产生的时间；扩展期是指材料表面的裂纹延伸扩展时间；快断期是指材料发生机械性断裂时很短的最后一段时间，可以通过应力腐蚀试验并结合断裂力学计算求得。由于应力断裂总时间的90%皆为起始寿命，因此起始寿命的估算准确性对应力腐蚀总寿命的估算有着决定性的意义。由于断裂力学理论无法用于起始寿命的确定，因此本书将应力腐蚀试验现象与损伤力学相结合，用损伤力学的方法建立应力裂纹起始寿命的计算损伤模型。

损伤是材料在大气环境、应力等外部因素的作用下，材料表面开始产生缺陷，并随着材料的使用，材料表面缺陷不断萌生、扩展和合并，最终导致材料的性能劣化，不能满足相应的使用要求，从而导致材料过早失效的过程。应力腐蚀也是一种损伤，可以使用应力腐蚀损伤量 D 来表示应力腐蚀损伤的严重程度，其计算公式为

$$D = F(\sigma, \sigma_{th}, t, T, \mathrm{pH}, c, \cdots) \tag{3-1}$$

式中，σ 为材料所承受的应力水平；σ_{th} 为应力腐蚀门槛值，由合金与环境组合类型和环境参数决定（应力水平 σ 低于该门槛值时将不发生应力腐蚀破裂）；t 为作用时间；T 为环境温度；pH 为环境的 pH 值；c 为环境介质浓度。

应力腐蚀损伤演化的表达关系，即损伤演化方程，可以通过将式（3-1）两边对时间求导而得：

$$\frac{dD}{dt} = f(\sigma, \sigma_{th}, D, t, T, \mathrm{pH}, c, \cdots) \tag{3-2}$$

在 Lemaitre 等的蠕变及疲劳损伤演化模型基础上，本书提出了一个针对简单拉伸的应力腐蚀损伤演化模型：

$$\frac{dD}{dt} = \begin{cases} \gamma \dfrac{\left[\sigma^e(\sigma, D) - \sigma_{th}\right]^{\alpha}}{(1-D)^{\beta}} & (\sigma^e > \sigma_{th}) \\ 0 & (\sigma^e \leqslant \sigma_{th}) \end{cases} \tag{3-3}$$

式中，γ、α、β 均为非负的合金－环境响应参数；σ_{th} 为应力腐蚀门槛值，这些参数都可通过试验得到；有效应力 $\sigma^e = \sigma(1-D)$，根据应变等效原理计算。

应力腐蚀裂纹起始寿命计算模型可以通过对式（3-3）进行分离变量积分求得。以固定应变法应力腐蚀试验为例，有效应力 σ^e 就等于初始 Cauchy 应力 σ_0，对式（3-3）积分后得：

$$\int_{D_0}^{D_i}(1-D)^\beta \, dD = \int_0^{t_i}\gamma(\sigma_0-\sigma_{th})^\alpha \, dt \tag{3-4}$$

$$\frac{1}{\beta+1}\left[(1-D_0)^{\beta+1}-(1-D_i)^{\beta+1}\right]=\gamma(\sigma_0-\sigma_{th})^\alpha t_i \tag{3-5}$$

若初始损伤 $D_0=0$，对式（3-5）两边取对数，得到应力腐蚀裂纹起始寿命 t_i 的表达式为

$$\begin{cases} \lg t_i = -\alpha\lg(\sigma_0-\sigma_{th})+q \\ q = \lg\left[\dfrac{1}{\gamma(\beta+1)}\left(1-(1-D_i)^{\beta+1}\right)\right] \end{cases} \tag{3-6}$$

2）分子动力学方法和基于密度泛函的第一性原理

20 世纪 60 年代，研究者发展了一种基于量子力学的"从头算"理论，即电子密度泛函理论，又称第一性原理，是量子理论的一种表述方式，通过粒子密度来描述体系基态的物理性质。在电子密度泛函理论建立之前，由于量子力学的基本方程即薛定谔方程的求解极其复杂，使得人们无法对微观体系的量子力学方程进行数值求解，虽然研究者已经借助了计算机技术和量子理论的建立对微观体系的量子力学方程进行了数值求解，但随着电子密度泛函理论的逐渐成熟，研究者可以利用电子密度泛函理论，对微观体系的量子力学方程进行数值求解，从微观的角度对金属腐蚀机理进行研究。

在密度泛函理论中，所有的近似都被集中到交换相关能量项（后续简称为交换相关）上，所以密度泛函理论的精度直接由交换相关能量泛函的近似形式决定，因此，交换相关近似的寻优成了密度泛函理论体系发展中的主要问题。局域密度近似（LDA）是一种简单的近似方法，即用具有相同密度的均匀电子气的交换相关泛函作为对应的非均匀系统的近似值。局域密度近似（LDA）的优点是一个简单近似就能给出很好的结果，同时，如果进一步分别考虑不同自旋分量的电子密度，可得到自旋极化的局域密度近似 L（S）DA。尽管 L（S）DA 获得了巨大的成功，但是也有

许多不足之处，如系统地高估结合能。为了弥补局域密度近似 L（S）DA 的不足，人们在 L（S）DA 基础上进行了改进，发展了广义梯度近似（GGA）。在 GGA 下，交换相关能是电子密度及其梯度的泛函。

GGA 交换相关泛函方法的构建主要有两种，一种是人们可以选择任何可能的泛函形式，而这种形式的好坏由实际计算来决定。另一种是发展交换相关泛函必须以一定的物理规律为基础。其中 PBE 泛函是基于上述理念构造的一个 GGA 泛函，也是 GGA 泛函中最著名的、使用最广泛的 GGA 泛函之一。Perdew 和 Wang 对局域电荷密度近似进行梯度修正，创造了一种名为电荷密度泛函理论（DET）。DFT 中对电子气交互作用的描述在大部分的状况下都是精确的，并且它是唯一能实际有效分析周期性系统的理论方法。梯度修正的方法研究表面的过程、内部空间的晶体、小分子的性质和氢键晶体是比较准确的。虽然 LDA 会低估分子的键长或者键能，以及晶体的晶格参数，但是 GGA 会弥补这些缺点，而 GGA 会过度修正 LDA 结果。当 LDA 与实验符合非常好的时候，GGA 会高估晶格长度。

利用第一性原理计算方法研究金属材料在原子尺度的腐蚀行为，对探究腐蚀机理有着十分重要的意义。基于密度泛函的计算方法可从原子之间相互作用的角度计算金属材料的固有性质，或描述金属基体或钝化膜表面与环境中分子或离子等之间的化学反应。

3）基于电化学的热力学和动力学的计算方法

以电化学动力学研究化学反应的速率。尽管材料在大部分环境下都会发生腐蚀，但在腐蚀理论学习中，主要还是理解金属与电解质接触表面（电极）上进行的电极反应的反应动力学，因此本书主要以金属在水溶液中的腐蚀为主。

绝大部分金属在大气环境中使用时，其表面会生成一层很薄的金属氧化物（钝化膜），使金属基体免于外界腐蚀介质的侵蚀。当金属处于水溶液环境下时，其表面钝化膜会因为吸氧腐蚀逐渐被溶解。与此同时，当水溶液中含有氯离子等侵蚀性离子时，金属表面钝化膜会被加速溶解。一般来说，金属表面的腐蚀一般先在金属表面钝化膜比较薄弱的区域上发生，如金属制备中引入的夹杂及晶界。当金属表面钝化膜出现破裂导致金属基体与腐蚀介质接触时，电极反应就在金属基体表面开始进行了。钝化膜的分解在腐蚀研究中虽然起重要作用，但由于钝化膜的分解过程很复杂，不确定性很大，目前人们尚未发展出确定性理论模型对钝化膜分解过程进行研究，现有的腐蚀模型主要针对钝化层破裂后金属基体的电极反应过程和金属离子在溶液中的扩散过程。

$$M_{(s)} \to M_{(aq)}^{n+} + ne^- \tag{3-7}$$

式（3-7）表示金属原子反应失电子变成可溶解的金属离子。而阳极反应区域附近电位高的区域会发生阴极反应，阴极反应的形式取决于溶液的化学性质，当溶液呈现出中性、碱性或弱酸性时，阴极反应主要以氧的去极化为主（吸氧反应）；当溶液呈现出强酸性时，阴极反应主要以氢的去极化为主（析氢反应）。两种阴极反应为

$$2H^+ + 2e^- \to H_{2(g)} \tag{3-8}$$

$$O_{2(g)} + 2H_2O_{(aq)} + 4e^- \to 4OH^- \tag{3-9}$$

两种阴极反应皆发生在金属基体表面，当阴极反应为析氢反应时，一部分氢原子会扩散到金属内部，从而导致金属的氢脆效应。本书重点阐述阳极反应给金属基体表面带来的形貌变化和材料受力对腐蚀反应的影响，不考虑氢脆对金属基体的影响。

典型阳极反应速率一般由电流密度来表示：

$$i_a = i_0 \exp\left(\frac{\alpha n F \eta}{RT}\right) \tag{3-10}$$

式中，i_0 为交换电流，是与金属材料有关的常数，单位为 A；R 为气体常数，其值为 R = 8.314J/mol·K；T 为绝对温度，单位为℃；α 为传递系数，其值为 0～1；n 为阳极反应中金属反应物的电荷数；F 为法拉第常数，F = 9.64853×10⁴C/mol；η 为过电势，其中 $\eta = E - E_e$，E 为施加电位，E_e 为腐蚀平衡电位。

当金属表面发生腐蚀反应时，大概率会产生沉淀盐膜覆盖在金属表面上，阻碍金属基体与腐蚀介质接触，从而使金属表面被盐层覆盖的区域腐蚀电位上升，腐蚀速率下降。这是因为金属表面因腐蚀所产生的金属离子在腐蚀区域扩散很慢甚至不扩散，导致金属离子在腐蚀区域发生积聚现象，随着积聚现象的不断发展，金属表面就会产生一层沉淀盐膜。

在稳定状态下，盐层的溶解速率与聚集速率基本相等，这使得盐层的厚度处于一个动态平衡中。因此，腐蚀的进展会受到溶液中金属离子扩散速率的影响。若金属腐蚀区域表面的金属离子扩散速率越快，则金属基体与腐蚀介质接触的时间则越长，腐蚀速率则越快，这表明了腐蚀速率取决于金属离子的扩散速率，因此，研究金属离子在溶液中的扩散控制方程对研究金属在溶液中的腐蚀行为必不可少，典型金属离子在溶液中的扩散控制方程为

$$\frac{\partial C}{\partial t} = -\nabla \cdot J + b \tag{3-11}$$

式中，C 为离子的摩尔浓度，单位为 mol/L；J 和 b 分别为流出离子密度和局部反应速率，如果不考虑溶液中离子的二次反应，b 可以直接取为零。在溶液环境中，溶液流动、离子浓度梯度和电势梯度三个因素影响着流出离子密度，综合以上三个因素得到如下 Nernst-Planck 方程：

$$J = -D\nabla C - \frac{nF}{RT}DC\nabla\phi + \mu C \tag{3-12}$$

式中，D 为离子在溶液中的扩散系数，该系数通常与温度相关，温度越高扩散系数越大；ϕ 为电势，单位为 V；μ 为溶液流速，在考虑小范围无流动环境中的腐蚀时，电势梯度和流速都可近似为零。

现在的腐蚀模型都是模拟简化后的腐蚀过程的，目前只能预测实验室中简单样品的单一腐蚀过程，尚未能对野外复杂海洋环境复杂样件的腐蚀过程进行预测，其原因有以下几点。

（1）野外海洋环境试验通常涉及金属腐蚀的多个阶段，如钝化膜的形成、钝化膜的破裂、反应控制腐蚀阶段及扩散控制腐蚀阶段，而且同一个空间尺度上可能存在多个腐蚀阶段共存且相互影响。

（2）金属的表面结构及材料复杂，从微观的层面上看，金属表面并不是完全光滑平整的，同时金属内部还有各种杂质、晶界等，这些因素都会影响金属的腐蚀行为。

（3）金属在不同使用环境下，会产生不同的腐蚀形式，这意味着金属腐蚀研究涉及了多学科交叉，如化学、物理、力学、材料等多个学科。

（4）自然环境对金属腐蚀的影响因素多，同时，各种影响因子之间会产生各种协同作用，共同影响金属的腐蚀行为，这些情况共同导致了金属在自然环境下腐蚀的复杂性。

为解决上述困难，研究金属材料在实际使用环境中的腐蚀行为及腐蚀机理，构建相关腐蚀机理模型，主要的研究方法如下。

（1）结合先进的材料表征手段，对金属的腐蚀形貌进行宏观、微观表征，并对相关形貌数据进行收集、整理和分析，揭示金属腐蚀机理，修正相关腐蚀模型。

（2）通过研究分析金属在不同服役环境下的腐蚀机理，构建适用于不同服役环境的多物理场耦合金属腐蚀模型。

（3）对金属的腐蚀行为进行全寿命周期模拟，即从腐蚀形貌的发生开始，到腐蚀在金属表面的扩散，再到腐蚀导致金属失效的模拟，并根据相关模拟结果指导金属材料的制造及应用。

（4）通过结合计算机、大数据、人工神经网络对腐蚀数据进行处理与分析，可以在很大程度上解决金属在实际服役环境下腐蚀过程的复杂性和随机性等问题，极大促进高保真腐蚀模拟的发展。

3.2.3 模型修正技术

通过调整模型的相关物理建模参数，从而提高模型输出与试验测试结果一致性的技术，即模型校准技术。目前模型校准技术主要分为确定性校准和不确定性校准。工程中最常用的方法是基于灵敏度的设计参数型修正方法。基于灵敏度的设计参数型修正属于模型修正中的"反问题"，其基本思路是通过采用相关算法，寻找使模型精度值最大的参数，从而实现减少模型输出值与结构测试值的差异值。下面就其各步骤进行详细介绍。

1）待修正参数的选择

待修正参数的选择是模型修正关键的一步。待修正参数选择的准确性将直接关乎到优化后模型的输出结果及合理性。模型体系中存在着诸多建模参数，如果对每个参数都进行修正，这不仅会减弱模型的实际运行效率，也很容易导致模型陷入局部最小值。待修正参数的选择主要考虑两方面：待修正参数的确定及待修正参数数量的确定，模型体系中的参数并不是全部都会对模型的输出造成明显的影响，因此优先选择对模型输出结果有着明显影响的待修正参数；与此同时，待修正参数的数量也会对修正后的模型有很大程度的影响，一方面，如果选择的待修正参数不足，就会得到不理想的修正结果。另一方面，如果选择的待修正参数过多，则会造成算法的运算量过大，导致模型修正效率过低，也会导致模型出现病态求解问题，从而导致对模型进行了负优化。

待修正参数的选择原则主要有两方面：一是该参数会对模型计算结果有较大的影响且能反映模型与实际情况之间存在的误差；二是根据模型选择适当的修正参数数目，一方面提高模型的运算效率，另一方面对模型进行实际优化。灵敏度选参法是一种相对的度量，是针对某输入变量（温度）的变化而引起输出变量（如腐蚀速率、点蚀深度等）变化的方法。结构参数灵敏度的求解公式一般为：如果已知某结

构响应的函数 f 是 n 个结构设计参数 x 的函数，则其表达式为

$$f = f(x_1, x_2, \cdots, x_n) \tag{3-13}$$

假设第 m 个设计参数发生 Δx_m 的变化，对应的响应函数 f 也发生了 Δf 的变化，当 Δx_m 变换非常小时，由偏导数的定义可以得到：

$$\frac{\vartheta f}{\vartheta x_m} = \lim_{\Delta x_m} \frac{f(x_1, x_2, \cdots, x_m + \Delta x_m, \cdots, x_n) - f(x_1, x_2, \cdots, x_m, \cdots, x_n)}{\Delta x_m} = \lim_{\Delta x_m \to 0} \frac{\Delta f}{\Delta x_m} \tag{3-14}$$

根据式（3-14）可以求出输出变量对某个输入变量的灵敏度，通过依次对全部待修正参数求偏导数，就可以得到相应的灵敏度矩阵。而在大部分复杂体系中，其模型响应的表达式一般都是隐式的，几乎无法通过直接求导得到，因此需要利用有限元差分法来进行求解。有限元差分法一般可分为向前差分和中心差分两种，其中，式（3-14）就是向前差分法，而中心差分法就是向两个方向相应的增加和减少一定的量值。这样对模型中各个参数变量进行灵敏度分析后，即可选取灵敏度值大的设计参数当作待修正参数，进行模型修正。但是在灵敏度选参法的实际运用中，灵敏度高的参数也不一定就是理论模型与实际结构不一致的参数，因此仅依据灵敏度选择参数也会导致不合理的结构。

2）目标函数的选取及构造

由于不同的结构有着不同的特性，因此可以通过构造不同目标函数从而区分各种结构之间的区别和联系，因此，目标函数的选取及构造是模型修正的第二个关键步骤。例如，C、D 是两个不同的模型，在相同外界条件的驱动下，得出基本相同的输出结果 C。而通过测试得到输出结果 C，我们无法判断这个输出结果到底是来自 A 模型还是 B 模型，若想要明确判断该输出结果来自哪个模型，则需要增加其他不同的目标函数。无论 A、B 结构是否是两个不同的模型，或是同一个模型的不同状态，只要选择合理的目标函数，就可以对两个模型是否为同一个模型或者同一个模型的不同状态进行识别。根据以单个或者多个目标函数作为修正对象，目标函数可以分为单目标函数或多目标函数。

3）算法理论及其实现

设计参数型模型修正的关键一步是将有限元模型修正问题转化为优化问题的求解。现阶段研究者主要的搜索优化方法分为两大类，即确定性搜索和随机性搜索，零阶和一阶算法仅属于确定性搜索方法，蚁群算法、蜂群算法及遗传算法等属于随机性搜索方法。向乃瑞等通过遗传算法对 BP 神经网络进行了优化，然后对比了优化

前后 BP 神经网络在金属土壤腐蚀研究方面的精度，研究结果表明，GA-BP 神经网络相较于传统的 BP 神经网络，其模型精度提高了 3.13%。泰谢勋等运用了蜂群算法优化了灰色预测模型，并将优化前后的灰色预测模型运用于管道腐蚀预测中，研究结果表明，优化前灰色预测模型的平均相对误差为 4.92%，优化后的灰色预测模型的平均相对误差为 2.28%。由此可见，由于部分模型的目标函数都是待修正参数的高度非线性关系及求解会出现多个局部极值点的，因此很难找到全局最优解。所以基于设计参数模型修正具有的强大发展空间，直接修正设计参数，便于工程实际建模，修正结果易于解释。其整个修正过程如图 3-6 所示。

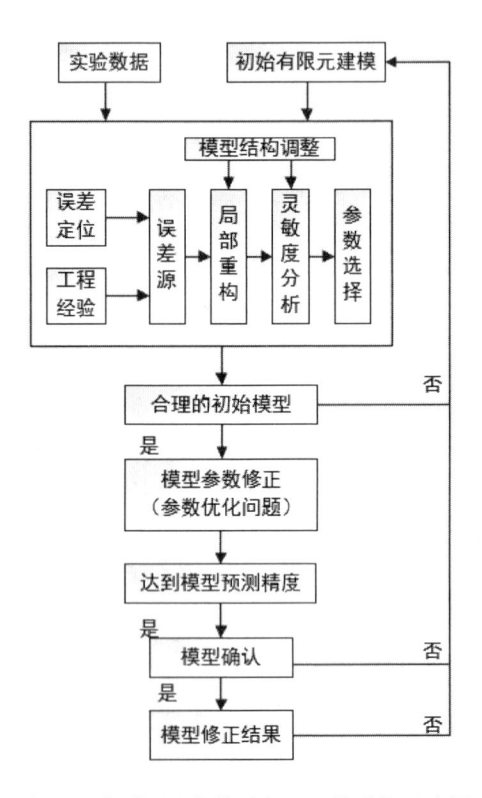

图 3-6 典型设计参数型有限元模型修正过程

3.2.4 模型可信度

仿真模型本质上是对现实世界的近似抽象，其可信度直接关系到仿真应用能否在工程中进行运用。对现实世界模拟性弱的仿真模型可能会产生错误的仿真信息，从而导致决策者误判错判，造成巨大的经济和军事损失，为了防止上述严重后果的产生，模型可信度评估这一概念应运而生。模型可信度是指在特定的应用目的条件下，仿真用户对于所开发的仿真模型和仿真输出结果是否正确的一种信任程度。模型可信度评估可以向仿真模型的用户直观地展示仿真模型的可信度水平和仿真精度，从而有效地提高仿真系统的可信度水平和仿真精度，因此，在仿真系统的设计、开发、运行、维护整个生命周期过程中都伴随着模型可信度评估。

相关行业研究人员从不同研究方向出发，将仿真模型可信度的定义大体分为以下 3 种。

（1）基于误差的定义：指用户对仿真试验结果的信任程度。

（2）基于相似度的定义：指仿真模型与被仿真对象在功能、结构上的相似程度。

（3）基于置信度的定义：指仿真模型实验结果处于置信区间内的概率。

仿真模型的可信度主要包括客观和主观两个方面：从客观层面来说，仿真模型的可信度是指仿真模型在某些特点上与被仿真对象相似；从主观层面来说，仿真模型的可信度是指仿真模型用户在运用仿真模型时能否得到满足预期的主观要求及满足要求的程度，因此仿真模型可信度评估通常结合使用定性方法和定量方法。

国内外模型可信度评估技术的发展主要分为以下三个阶段。

第一阶段，20 世纪 60 年代初至 70 年代中期，人们首次提出模型可信度的概念和原则。在此背景下，Mihram 提出的模型开发 5 步骤和模型可信度技术委员会 TCMC 成立，为后续的工作奠定了良好的基础。

第二阶段，20 世纪 70 年代中期至 90 年代中期，学术界对仿真模型的校准和验证方法进行了深入总结。例如，Murray-Smith 提出的系统辨识法、灵敏度分析法，Holms 提出的模型动态特性置信度等级，CLIMB 和 Schruben 提出的图灵检验法等，这些验证方法被广泛应用于相关工程执行中，并取得了不错的结果。

第三阶段，20 世纪 90 年代中期至今，仿真模型可信度评估进入标准化和规范化，面向新技术应用和适应新需求挑战的可信性研究萌芽阶段，各个行业开始制定自己的 VV&A（Verification、Validation 和 Accreditation），即验证、确认和认证手册。模型 V&V（Verification 和 Validation，验证和确认）工作的核心是通过规范建模与仿真过程，保障模型的可信度。一般地，验证侧重于对建模过程的检验，而确认侧重于对仿真结果的检验。模型 V&V 的提出最初是为了适用系统工程模型的评估，出于对模型可信度和性能评估等刚性需求，逐渐发展出基于模型的系统工程（MBSE），并进一步形成模型 V&V 技术。其典型成果是美国国防建模与仿真办公室的《VV&A 实

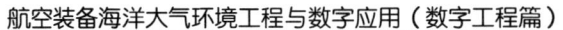

践指南》，指南中指出"仿真模型的可信度可以通过V&V来测量"，其是贯穿数值建模与仿真分析全寿命周期的质量控制技术、过程管理方法，是模型可信度的一个保证体系。

与此同时，我国的仿真模拟可信度评估也得到了长足的发展，相关行业通过紧跟国外先进评估技术的同时，并结合国内仿真工程的实际需求进行了相关的探索和研究。例如，陆军工程大学对建模和仿真术语规范化的推进；国防科技大学以导弹系统为背景的仿真可信度研究等。

3.2.5 影响模型可信度的因素

对于仿真模型使用者而言，最为关心的问题就是仿真模型是否达到了必要的可信度，本节总结了6个影响仿真模型可信度的主要因素。

1）仿真建模时部分影响因素的忽略

研究者在建模时，一般仅考虑对模型起到重要影响作用且能方便测量的因素，而忽略了部分次要或重要但难以测量的因素；研究者没有一个明确的判定指标，评估对系统具有影响的因素是否能被忽略；在仿真模型的使用中，研究者可能会对模型进行多次修改，而模型经过多次修改后很有可能会偏离最初的目标，这时，曾经被忽略的某个因素已经不能再被忽略了。上述多种可能性在一定程度上具有影响仿真系统可信度的风险。

2）仿真建模时输出数据的失误

仿真模型的初始输入对仿真系统的输出结果有着直接的影响，因此，要确定模型初始参数能够反映原型系统装备状态及模型要求，否则就会对模型的可信度带来不利影响。

3）模型中随机因素的影响

通常来说，仿真模型中一般都包含一定数量的随机变量，这些随机变量都遵循一定的概率分布。一般来说，只要对仿真对象进行深入的原理分析，或是采集足够多的数据，严格按照科学的方法来分析，就可以确定随机变量的变化趋势，从而提高仿真模型的精度；但在实际建模仿真的过程中，由于各种原因，无法对仿真对象中的随机变量进行深入研究，或者难以采集，这将有可能影响模型的可信度。

4）模型输出结果的统计误差

模型的可信度评估，大部分都是通过对仿真系统输出结果与实际系统输出结果进行对比而实现的。对于大部分仿真系统来说，科学与正确的可信度评估结论大部分都需要有较大的数据量进行支撑，但由于在实际仿真可信度评价工作中，可供进行比较处理的数据量比较少，这些数据只能反映系统的某个侧面，而不能反映系统的全面，这就导致仿真可信度受到很大的影响。

5）模型可信度评估方法与模型和数据的不适配

每种模型可信度评估方法都有自己的适用范围，如果在某一模型可信度评估方法适用范围外使用该方法时，那么很有可能对模型可信度评估起到不好的影响；此外，每种模型可信度评估方法也有特定的数据或物理的意义，对于同一个仿真模型，如果选用不同的模型可信度评估方法则可以得到不同的评估结果，但只有评估方法的本质意义与模型的用途相适配时，该评估结果才是有意义的。

6）通过可信度评估的子模型的误差累积

在给定的应用背景下，每一个通过了模型可信度评估的子模型，都有着足够的可靠性。但是，这并不意味着整个模型的可信度是可靠的。这是因为每个子模型允许的误差会产生累积，严重时累积误差会使整体仿真模型的可信度大幅度下降，从而导致模型的不可用，这是经常被忽视的一个问题。因此，即使每个子模型都通过了模型可信度的评估，由它们组合而成的整个模型仍然需要重新进行可信度的评估。

在上面所分析总结的影响模型可信度的 6 类主要因素中，前 3 类是模型本身的问题，是在模型开发和运行当中产生的，应该由模型的开发者、仿真系统的执行者来查找问题并尽力解决，以提高其可信度水平。第 4 类因素是由用于模型可信度评估的数据的问题所带来的影响，模型可信度的评估分析人员应与仿真系统的开发者、使用者一起讨论分析数据是否全面，能否全面反映模型的功能和特性。最后 2 类因素是最需要模型可信度评估人员注意的，它们所导致的评估结果的不准确会给数字孪生与仿真应用带来难以发现但可能是无法估量的后果。

第 4 章

航空装备腐蚀数字模型验证及确认

国内外数字工程与仿真领域都已达成共识，对于数字与仿真模型可信度的保障可以通过验证、确认与认证（Verification、Validation 和 Accreditation，简称 VV&A）工作来完成。验证是确定仿真模型和有关数据是否准确反映了开发者的概念描述和技术规范的过程。确认是从模型的应用目的出发，确定仿真模型和有关数据是否正确代表被仿真对象的过程。认证是权威的鉴定仿真模型和有关数据在用于特定目的时是否可以被接受。由于目前国内尚无权威的仿真认证或认可机构及相关认证标准出台，故本书着重介绍航空航天装备领域已经开展了较多工作的模型验证及确认（下文简称模型 V&V）。

4.1 模型验证及确认内涵

长期以来，较多国内数字与仿真从业者一直忽略了对仿真软件及仿真模型的验证与确认。因此，对于计算结果的可信度，并不能给出明确的量化结论。这使得仿真工作者和研究/研发人员对"仿真"也一直保持一种矛盾的心态——既想好好利用仿真这一高效低耗的工具，又对仿真的计算结果的可靠性产生质疑。为了促进仿真科学与技术本身的发展，进一步为科研院所、高校、设计单位及工业部门提供准确可靠的仿真工具，必须开展模型 V&V 工作。

模型 V&V 工作与数值建模过程的每一个环节密切相关，通过分析与评估每个环节的不确定性和误差，就可以定性或定量地刻画数值模型的计算精度，评价模型与真实物理对象的近似程度，进一步采用合适的方法就可以得到模型的可信度评价。

这种评价是建立在严密的数学、物理和逻辑分析基础上的,最大程度地避免了人为主观随机性的影响,因此使用模型 V&V 获取的模型计算结果必将会赢得制造业和现场用户的信任。

4.1.1 模型 V&V 基本概念

目前国内对于模型 V&V 翻译较为混乱,在本书中,拟以邓小刚、宗文刚等人的提法进行阐述,模型 V&V 与建模和仿真各阶段的关系如图 4-1 所示。

模型认证(Model Qualification)指的是模型假设合理,描述真实系统的数学物理方程能够如实反映真实物理世界过程的特征属性。

模型验证(Model Verification)是确定计算模型是否能够准确地将概念模型的数学物理方程进行求解的过程。

模型确认(Model Validation)是从模型用途的角度,确定计算模型与真实系统之间存在的精度差距的过程。

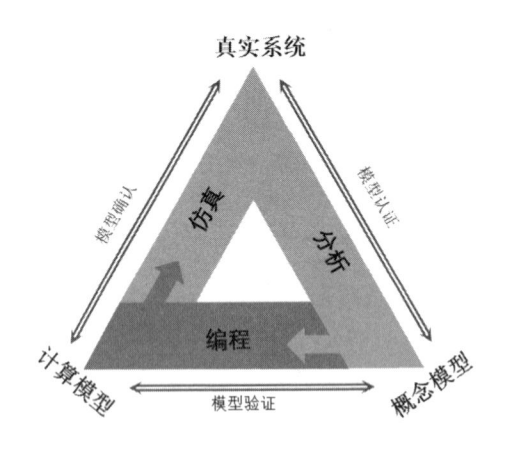

图 4-1　模型 V&V 与建模和仿真各阶段的关系

4.1.2 实施流程

图 4-2 展示了模型 V&V 的整体执行思路。其左侧为验证部分,右侧为确认部分。

1)模型验证

模型验证包含了软件验证和解验证两个部分。其中,软件验证是指确定数值法能够正确执行计算程序并能够识别软件误差的过程;解验证是指确定输入参数和所得到求解的数值精度的正确性及确定特定仿真下输出数据正确性的过程。

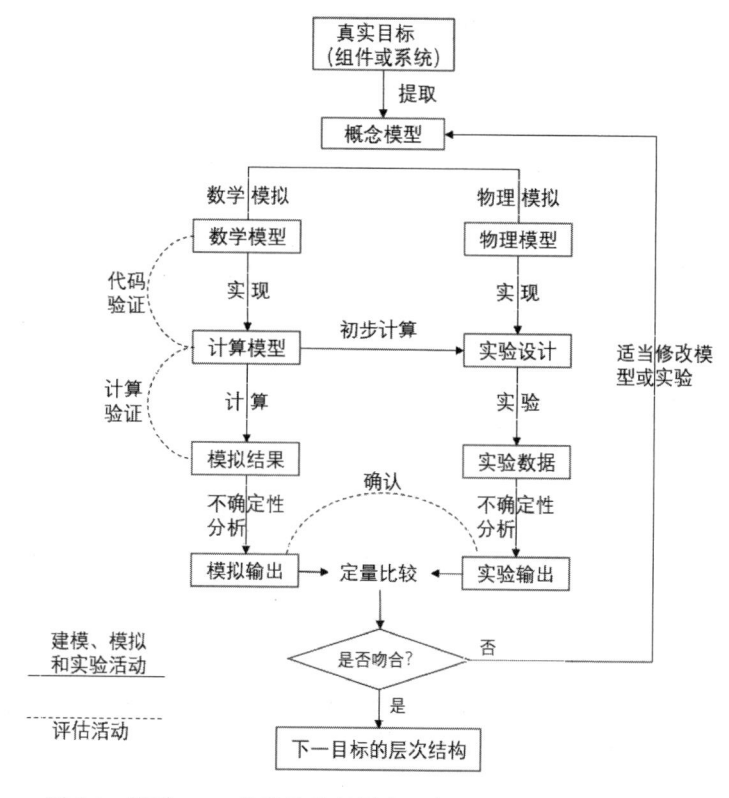

图 4-2　模型 V&V 的整体执行思路（来源于 ASME 指南 2006）

图 4-3 展示了验证过程中数值算法验证的原理。通过纯粹的数值实验，验证过程可以建立数值解的精度阶等级，以及数值解对计算模型参数的敏感程度和依赖程度。值得一提的是，网格收敛性研究也是模型验证的主要方法之一，然而这一过程需要反复迭代，对网格数量和质量进行人为干预控制。

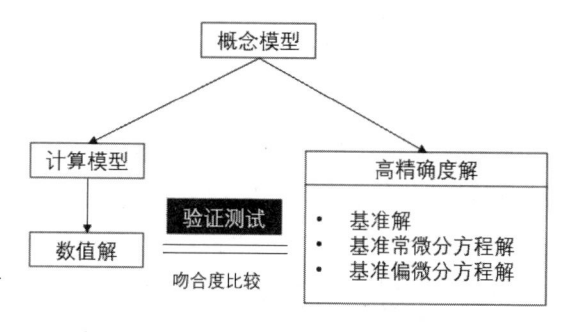

图 4-3　验证过程中数值算法验证的原理

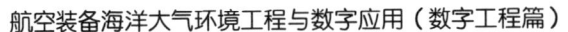

2）模型确认

模型确认包含确认实验和不确定性分析（UQ）。确认实验是一种新型的实验方法，其主要目的是定量确定数学模型及其实现软件在多大程度上能够逼近真实物理系统运行的过程。

传统的实验根据其目的不同可以分为以下三大类。

第一类，为了增加对某些物理、化学过程的基本理解，掌握其可能的影响因素，因此这些实验经常跟物理、化学现象相关，如应力裂纹扩展、电化学腐蚀沉积或电蚀锈坑等。

第二类，为了进一步构造数学物理模型，或者提高数理模型中的计算精度而进行的实验，这类实验通常跟模型校准或修正相关，如材料的拉压弯扭实验、疲劳实验和旋转圆盘实验等。

第三类，用于确定系统的零部件、子系统或全系统的可靠性和安全性等，这类实验通常跟零部件、子系统或集总性能验收、质量检验相关，如抗震试验、腐蚀寿命预测和结合强度等。

确认实验与传统实验的主要区别在于：传统实验非常强调在受控环境中对过程进行测量。只有在受控环境中，实验人员才能可重复的测量物理过程。而在确认实验中，实验的受控程度和可重复性并非处于重要位置，取而代之的是要准确地测量非受控的实验条件。如果只要准确测量出装备服役的环境条件，则由于气候和天气等造成的环境参数变化就变得不再模糊。对于非受控的确认实验，则需要合理的实验设计及大量测试，细致地识别系统激励、输入和响应，同时充分分析和量化服役环境的动态特性。

航空装备模型确认的分层思路：由于航空装备等复杂系统中包含大量的不确定性因素，因此模型确认工作需要通过将复杂系统层层分解来降低其复杂性，这种思想类似于IT算法的分治理念。为了针对性地进行理论分析，建立数值模型，以及严谨的实验设计，复杂系统通常可以分为全系统、子系统、组件和单元四个层次或更多，如图4-4所示，系统层次越低，影响因素越少，耦合程度越低。

一般的分层实施思路：将全系统按照功能划分为不同的子系统，子系统按照不同的学科知识划分为组件或基准，最终按照学科专业的解耦划分到单元层级。图4-5给出了航空装备典型腐蚀模型分层示意图。

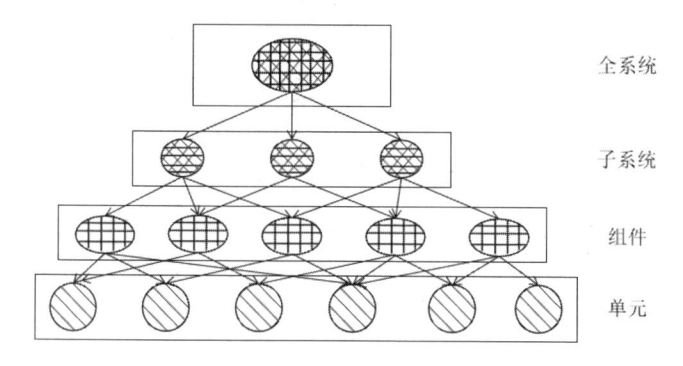

图 4-4　模型确认分层示意图

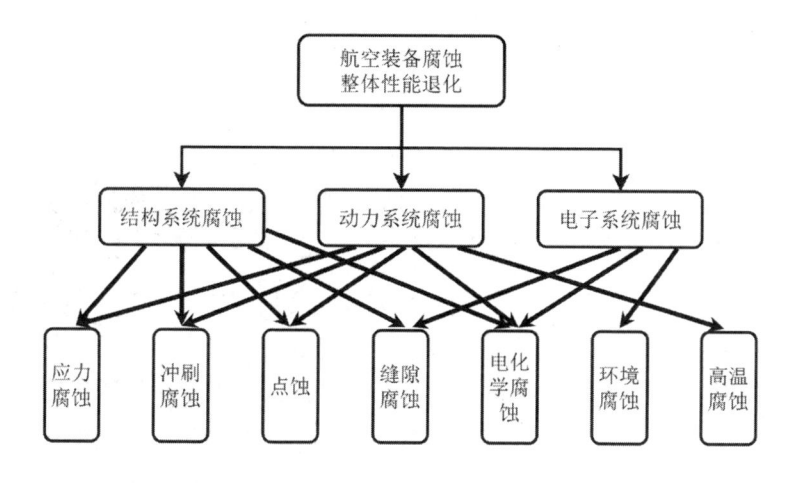

图 4-5　航空装备典型腐蚀模型分层示意图

图 4-5 中由上往下第一层为全系统层,该层应包含航空装备系统所有真实组件,实际物理层应包含几何结构信息、材料属性数据和组合而成的诸多不同的功能系统等;数值模型层包含所有组件的耦合关系、真实边界条件、初始值和各类激励源。对于全局层的腐蚀整体性能退化,一般在设计阶段只能依靠少量的样机实验获取数据,大多数的数据来源依然是装备服役期间的运行或实验数据。

图 4-5 中由上往下第二层为子系统层,根据常规的航空装备功能划分,每个子系统应独立承担一个功能,如结构、动力、电子和武器等子系统,各个子系统中仍然包含了较多的耦合关系,如动力系统的腐蚀应包含应力腐蚀、高温氧化和环境腐蚀等。但相对于全系统层,子系统层相应的测试实验数据相对比较容易获取。

图 4-5 中由上往下第三层为基准层,即图 4-5 为了简化分层将单元层与基准层进行了合并处理,因为整体分层是面向腐蚀学科的,并不包含信号工程、能源动力工

程等学科,所以这种简化操作是相对合理的。按照严格意义上的基准层定义,每个基准案例都是相对独立的(各个基准案例之间解耦处理),且只考虑通用的 2～3 个物理现象。单元层在基准层的框架下进一步解耦处理,每个单元只包含 1 个物理或化学现象。对于腐蚀仿真的分层构想图,基准层的每个案例以某种具体的腐蚀案例为主导,考虑一定的环境或工况不确定性。处于这一层面的组件,其几何结构、物性参数及环境条件容易获取,因此可以得到数量较多、质量较高的测试数据,是三个层级中不确定性最低的层级。

4.1.3 技术进展

对仿真系统模型的验证确认技术研究最早开始于对仿真模型的校验,至今已有 40 多年的历史了。20 世纪 90 年代以来大型复杂仿真系统研究取得了很大的发展。国外从 20 世纪 80 年代中期开始对分布交互仿真技术进行研究和开发,1995 年美国国防部又提出了高层体系结构。对模型 V&V 研究的重点从仿真模型的校验方法研究为主转向如何更加全面系统地对仿真系统进行模型 V&V 上来。

进入 20 世纪 70 年代,随着工业和航天业的迫切需要,美国电气与电子工程师学会(IEEE)对 V&V 理论进行了新的定义,验证:评估开发极端的软件产品能否满足前一阶段对它们定义的要求的过程。确认:测试计算机程序并评估结果,以确保符合具体要求的过程。可以看到,IEEE 对 V&V 的定义都突出和强调了"过程",表明 V&V 应用于 M&S 的全寿命周期且持续进行,"前一阶段"也体现了"验证"过程的多样复杂的特点。

到 20 世纪 90 年代,美国大力发展国防和推进军事现代化发展,美国国防部成立了国防部建模与仿真实验室(DMSO),研究并判定 IEEE 针对 V&V 的定义是否符合他们的需求,公布了密切结合他们需求的定义,验证:确定模型实现是否准确表示了开发人员对模型的概念描述的过程;确认:从模型预期用途的角度出发,确定模型对现实世界的表述准确程度的过程。通过对比不难看出,美国国防部较清晰地描述了 V&V 在建模和仿真中的重要性,保留了其"过程"的特性,同时,比 IEEE 所定义的 V&V 更全面和侧重工业应用。1992 年 NASA 对仿真的投资范围包括仿真算法、应用、网格剖分、数据展示、流体动力学模型、验证和确认,总投资 1399.8 万美元左右,而模型的验证和确认这一项就投资了 713.5 万美元,占总投资的 50.97%,可见 NASA 认定的模型验证和确认在仿真技术中的重要地位。

由于 DMSO 对 V&V 的定义十分全面和宏观，因此也基本适用于各个行业。但定义只能解释"是什么"，并不能够告诉我们"怎么做"。因此，为落实 V&V 在建模和仿真中的作用，计算流体力学（CFD）学界和固体力学学界分别制定了适用于本行业的指南，即著名的《AIAA 指南》和《ASME 指南》。

《AIAA 指南》全称为《计算流体力学中的验证与确认》，定义了许多基本概念和专业术语，并指出了如何在 CFD 中执行 V&V 的流程，为其他领域展开 V&V 提供了思路和方法。《ASME 指南》是在 AIAA 指南提出的 8 年后，由固体力学界的计算固体力学确认与验证委员会提出的。《ASME 指南》首次提出了在 M&S 过程中可将 V&V 分开的想法，并将它们分别称为数学建模和物理建模，并指出虽然 V&V 是持续在 M&S 的全过程，但可以采用分层、分级的方式逐步进行验证与确认，且层与层之间可以存在不同的 V&V 要求。

4.2 模型验证实施

模型验证主要包含两方面工作：第一是代码验证，第二是解验证。

《ASME 指南》（ASME，2006）对"代码验证"的定义如下：确定在计算代码中正确实现数值算法并识别软件中错误的过程。

4.2.1 代码验证

代码验证可以分为两种活动：软件质量保证（SQA）和数值算法验证。数值算法验证用于确定会影响计算结果的数值精度的所有数值算法的软件实现中的数学准确性，其主要目的是搜集证据，证明代码中的数值算法得到了正确实现，且能够如预期般正常使用。软件质量保证（SQA）着重确定是否正确实现了构成软件系统一部分的代码，以及代码在指定的计算机硬件和软件环境中是否得出可重复使用的结果。此类环境包括计算机操作系统、编译程序、功能库等。建模与仿真中代码验证的综合视图如图 4-6 所示。

解验证，也称为计算验证，定义如下：确定输入数据的准确性、解的数值精度及某个特定仿具中输出数据的准确性的过程。

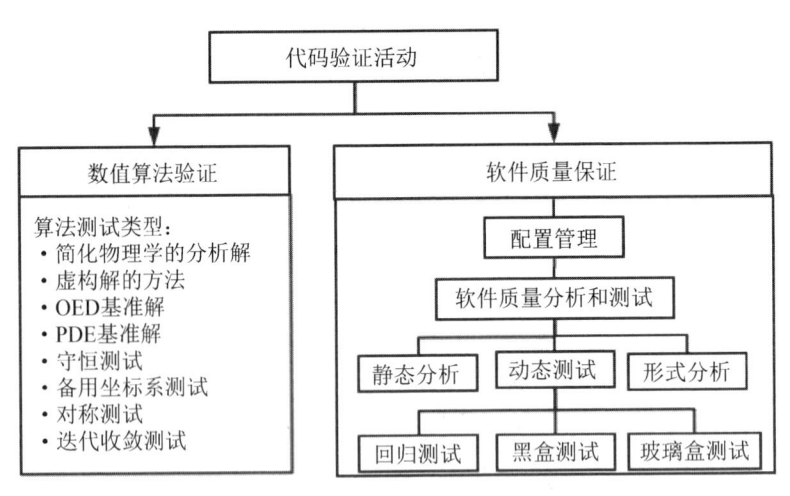

```
                    代码验证活动
                   /            \
          数值算法验证          软件质量保证
    ┌─────────────────┐         │
    │ 算法测试类型:    │       配置管理
    │ • 简化物理学的分析解│       │
    │ • 虚构解的方法    │   软件质量分析和测试
    │ • OED基准解      │      /    |    \
    │ • PDE基准解      │  静态分析 动态测试 形式分析
    │ • 守恒测试       │      
    │ • 备用坐标系测试  │   回归测试 黑盒测试 玻璃盒测试
    │ • 对称测试       │
    │ • 迭代收敛测试    │
    └─────────────────┘
```

图 4-6　建模与仿真中代码验证的综合视图（Oberkampf 等，2004）

解验证尝试确定并量化执行计算机仿真代码时出现的三类误差源。第一类为计算分析师在准备计算机模拟代码输入时造成的错误、误差或者差错；第二类为在数字计算机上计算数学模型的离散解时出现的数值误差；第三类为计算分析师处理由仿真代码生成的输出数据时造成的错误、误差或者差错。第一类和第三类错误来源与第二类有很大区别。第二类误差源不包括构建或者组建数学模型时出现的误差或者近似值，而第一类和第三类误差源包括了人为误差，但不包括任何其他误差源。在复杂系统的大型计算分析中，人为误差是很难发现的。即便在较小规模的分析中，如果未刻意采用程序性或者数据校验法来检测可能的误差，那么仍旧无法发现人为误差。解验证中处理的误差源如图 4-7 所示。

图 4-7　解验证中处理的误差源

4.2.1.1　软件质量保证

软件质量保证确保了计算机代码真实贴近原始的数学模型，主要包括开发过程确立、版本控制、验证与确认、质量和可靠性评估。

第一步，开发过程确立，主要包括确认编程语言、架构设计和软件开发过程模型。

（1）确认编程语言，科学计算所用的大多是现代、高级编程语言都支持程序编程和面向对象的编程，选择编程语言时需要考虑多重因素，如涉及的数学计算及数学关系、软件缺陷率和后期维护成本的影响等，需要根据预计的代码规模、后期可维护性等综合因素选取适合的编程语言。

（2）架构设计，是在开发工作开始前确定软件子系统及其接口的过程，其输出通常是包含流程图、伪代码等形式在内的描述软件子系统及其结构的文档。

（3）软件开发过程模型，又称为软件生命周期模型，主要有 4 个：瀑布模型、螺旋模型、原型化模型及迭代模型，这些模型都包含了需求、设计、执行、验证确认的行为，其区别在于管理者组织和实施这些行为的方式。对于传统瀑布模型，各行为阶段间相对独立，只有前一阶段完成后才开始下一个阶段，如图 4-8 所示；螺旋模型是综合了瀑布模型的优点，同时引入了风险分析和成本管理的思想，在此基础上各阶段行为具有迭代特性，如图 4-9 所示；原型化模型是适用于用户不能对软件提出十分明确需求的情况，此时通过快速原型开发与用户共同确认需求、概念模型和最终产品；迭代模型适用于开发新的模型，也可用于需要对现有模型进行大范围再利用的场合，迭代模型的每轮开发中都包含了瀑布模型的四大阶段，但并非所有的迭代都要重新执行完整的四个阶段，如有些新一轮的开发可以使用已有的需求分析和概念模型。

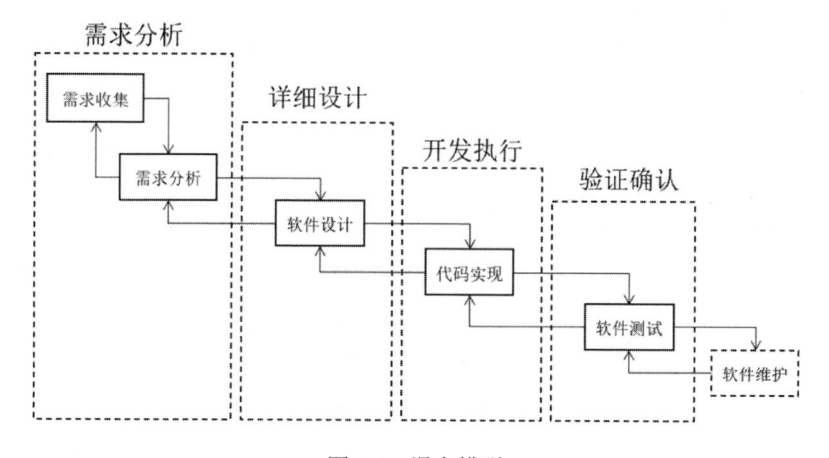

图 4-8 瀑布模型

图 4-9　螺旋模型

第二步，版本控制，指对软件开发过程中各种程序代码、配置文件及说明文档等文件变更的管理。一个良好的版本控制系统可以让用户清楚地了解到更改的内容及更改时间等信息，同时允许软件开发人员撤销对代码的任何更改，并追溯至之前的版本。使用版本控制工具的主要概念及定义如表 4-1 所示。

表 4-1　使用版本控制工具的主要概念及定义

名称	定义
资源库	目前和所有之前版本的唯一存储位置，只能通过存入和取出程序进行访问
工作副本	资源库中某个文件的本地副本可被修改，然后存入资源库
取出	从资源库的当前版本或者早期版本创建一个工作副本的过程
存入	对某个工作副本做出更改后提交资源库的过程，用于提交新版本
差异	资源库中工作副本与其他文件的差异摘要，通常使用两个版本并排放置、差异突出的形式
冲突	两个或多个开发人员尝试修改同一个文件，而系统无法使更改一致时会出现冲突
更新	将开发人员最近对资源库所做的更改合入某个工作副本
版本	资源库中通过存入过程生成的文件和其每个版本对应的唯一标识

第三步，验证与确认，科学计算中的软件确认与验证和模型 V&V 有所区别，此处的验证指的是确保仿真软件满足各类软件工程规范及设计文档，而确认指的是确保软件满足用户的实际使用需求。表 4-2 简单介绍了科学软件正确性的典型评估方法。

表 4-2　科学软件正确性的典型评估方法

方法分类	定义	具体方法名称
静态分析	指不执行程序即可对软件正确性进行评估的分析方法	软件检查、同行检视、代码编译、自动静态分析器
动态测试	通过有限数量的测试案例，根据预期结果，动态验证程序的行为	缺陷测试（单元、构件和系统级）、回归测试、软件确认测试

通常软件工程中的测试案例可以采用用户需求、标准规范、详细设计和源代码，而测试层级分为验收测试、系统测试、集成测试、模块测试和单元测试。图 4-10 常被称为软件开发与测试的 V 字模型。需要强调指出，无论使用哪种测试方法，都不可能使用所有可能的输入值组合进行测试，因为这意味着海量的测试工作量，因此如何采用尽可能少的测试案例来暴露最多的代码问题，就必须引入测试覆盖率原则。

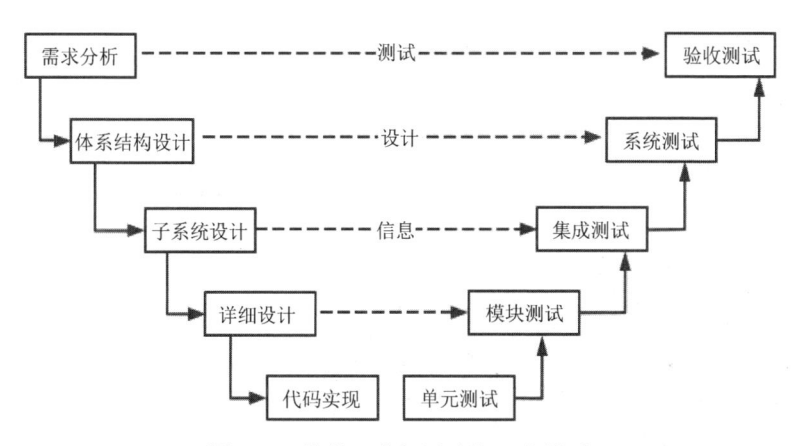

图 4-10　软件开发与测试的 V 字模型

第四步，质量和可靠性评估，通常的软件质量定义为是否满足客户需求和要求，以及是否符合规范，可靠性即在确定的条件下软件无故障运行的概率。评估软件可靠性的定量方法有缺陷密度分析和复杂性分析。

缺陷密度分析指评估软件中的缺陷数量，其缺点在于比较依赖于测试程序的完善度，如当测试程序不够完善时，可能导致某些缺陷不能被发现。

复杂性分析是将代码质量属性转换为代码可靠性，一般可以认为，当一个子程序越复杂，代码的可靠性越低，反之则可靠性越高。对于代码可靠性的评估可以从代码行数、NPATH 复杂度、循环复杂度、条件嵌套深度 4 点入手。代码行数，即统计每个子程序源代码的数量，这是最简单直接的衡量复杂度的方法，建议子程序的可执行源代码数控制在 250 以内；NPATH 复杂度指经过某个子程序的可能执行路径的数量，一般来说，此数量应该控制在 200 以下；循环复杂度指子程序中的循环语句或逻辑语句的数量加 1，一般上限值建议为 10；条件嵌套深度指 IF 语句的嵌套深度，一般更高程度的嵌套更容易出错，且更难以理解和追溯。

4.2.1.2 数值算法验证

在模型验证过程中，数值算法验证的目的在于确保代码能够真实地表示出数理模型（也称为控制方程），其形式以带有若干初始值、边界条件和耦合关系的微积分方程组成。因此，数值算法验证解决的问题是数值算法的正确性和将该算法转化为源代码实施的正确性。

在 Oberkampf 编写的《科学计算中的验证和确认》中，重复使用了代码验证的概念，即在代码验证过程中将数值算法验证再一次称为代码验证。本书为了避免读者混淆，直接采用数值算法验证描述相关内容。表 4-3 按照验证的标准严格程度，由低到高排列给出了 5 种方法。

表 4-3 数值算法验证的 5 种方法

序号	一级	二级
1	简单测试	对称性检验
		守恒测试
		伽利略不变性测试
2	代码比较	双代码对比
		基准代码对比
3	离散误差	空间网格离散
		时间步长离散
4	收敛测试	Lax 等价原理确定
5	精度阶验证	形式精度阶
		观测精度阶

表 4-3 中，简单测试和代码比较两种方法的优点在于可以用于没有精确解的数学模型，但它们的严格程度也最低。其余三种验证方法的使用要求数学模型存在解析解或可经证实的替代解。

第一级，简单测试，具体包含三种测试方法：（1）对称性检验，即当研究对象具有对称的几何结构，且初始值和边界条件也存在对称关系时，该对象的数值解也是对称的，这种对称性可以作为检验条件；（2）守恒测试，大多数模型遵循物理量的守恒，如电化学腐蚀类模型遵循电量守恒、质量守恒，应力腐蚀模型遵循能量守恒和质量守恒，则守恒性可以作为检验条件；（3）伽利略不变性测试，即认为物理定律对所有惯性系都有效，因此，数学模型和离散方程的解需要遵守伽利略不变性原则。需要指出该测试是基于经典力学或牛顿体系的，对于原子/分子尺度的模型极有可能并不适用。

第二级，代码比较，是评估算法正确性最常用的方法之一，本质是将两种不同算法的输出进行对比分析。适用于两种算法代码的是相同的模型或者模型存在经过专家/权威评估验证的基准代码。需要指出，存在两种算法代码均存在谬误且其计算结果一致的可能，因此代码比较不能取代严格的代码验证。

第三级，离散误差，适用于存在解析解的模型，是较为常用的验证方法。它使用单一的网格间距和时间步长，定量评估数值解与解析解之间的误差。该方法的主要缺点在于离散误差评估完毕后，还需要进一步给出误差大小的评价方法。

对于瞬态模型，如研究随着时间变化的腐蚀速率。航空装备构件的腐蚀模型一般同时存在空间网络离散和时间步长离散（少有稳态模型），因此可以先验证空间网格离散，其次验证时间步长离散。这种方法虽然简单易行，但是存在无法发现空间网格离散和时间步长离散潜在交互性风险，尤其是当对流传质占优的时候，Pe 数较大，网格尺寸和时间步长的交互作用必须同时进行耦合验证，这种耦合验证一般较为耗时费力。空间和时间数值算法验证中使用的网格级如表 4-4 所示。

表 4-4 空间和时间数值算法验证中使用的网格级

空间步长 h	时间步长 t
Δh	Δt
$\Delta h/r_x$	Δt
$\Delta h/r_x^2$	Δt
Δh	$\Delta t/r_t$
Δh	$\Delta t/r_t^2$
$\Delta h/r_x$	$\Delta t/r_t$
$\Delta h/r_x$	$\Delta t/r_t^2$
备注：r_x 与 r_t 为空间细化系数与时间细化系数	

由于时间只有一个方向，所以时间步长细化较为简单，本书暂且不进行讨论。而网格的细化设计空间网格离散，随着研究对象几何结构复杂程度的变化，网格细化对网格整体的分辨率和质量影响较大，而且在实际仿真工作中，网格的剖分往往也占据 50%左右的时间，故本书从网格的均匀性和一致性方面对网格细化进行讨论。

网格质量的量化指标一般由单元长宽比、偏斜率和拉伸率（网格有粗到细过度的尺寸变化速率）组成。均匀性的网格细化指的是在各个方向上，单元长宽比较为一致的加密网格，如图 4-11 所示。

（a）原始网格

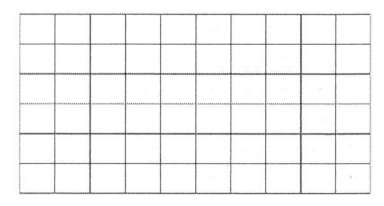

（b）均匀加密

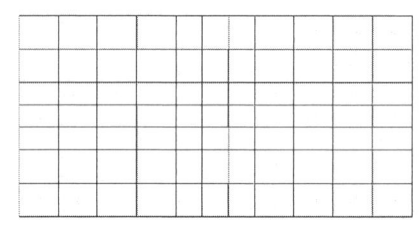

（c）非均匀加密

图 4-11　均匀和非均匀网格加密示意图

需要指出，网格细化的均匀性是在整个区域内整体加密的，加密前后几何区域内网格的整体分布趋势与细化前相同。

网格细化的一致性指的是网格加密时，网格质量不变或者有所提高。图 4-12 所示网格一致性加密示意图。若采用 Knupp 提出的全局网格质量度量 σ，即当 $\sigma=1$ 时，网格质量最好，如正方形、正方体和等边三角形等；当 $\sigma=0$ 时，网格质量最差，会出现网格反转或交叉等现象，一般 σ 较小时，网格的性能指标如偏斜度、拉伸率和曲率都比较大，因此可以用 σ 来表征网格一致性。无法回避的事实是，随着网格的加密及 σ 趋近于 1，网格各项同性的趋势也会越来越明显，网格剖分的工作量也会大大提高，并进一步影响求解效率。尤其是对于航空装备中复杂的几何问题，网格一致性和求解效率是十分矛盾的。

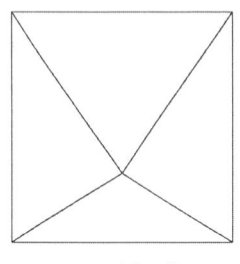

（a）原始网格 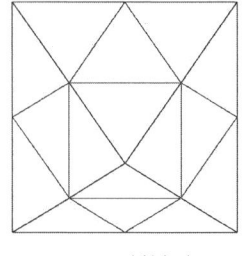　　（b）一致性加密 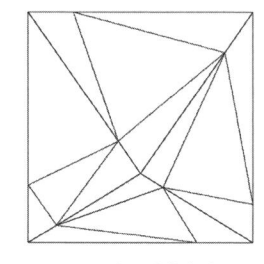　　（c）非一致性加密

图 4-12　网格一致性加密示意图

第四级，收敛测试，评估相对于数学模型的解析解，数值解中的误差（离散误差）是否随着网格尺寸和时间步长的细化而减小。它除了要评估离散误差的大小，还需要确保该误差是否会随着网格尺寸和时间步长细化而减小，因此收敛测试是严格代码验证所遵循的最低标准。需要指出，此处的收敛与日常所说的迭代计算收敛有一定区别。此处的收敛指的是当网格间距与时间步长减少到极限时，离散方程的解逼近数学模型的解析解，迭代计算收敛往往指的是计算结果是否满足求解算法的容差或迭代次数限制（一致性，即离散方程需要随着离散参数接近零而使数学模型方程接近极限。稳定性，指的是对于初值敏感问题，数值误差在迭代过程中是否趋于可控，若可控则认为离散方法是稳定的。需要注意的是，数值算法稳定性只适用于离散方程，与数学模型本身的可导性或连续性无关）。

第五级，精度阶验证，是最严格的数值算法验证标准，它不仅检查数值解的收敛与否，还关注离散误差是否随着网格尺寸和时间步长的进一步细化以理论速率（形式精度阶）减少。与理论速率相对的是离散误差的实际减少速率（观测精度阶），它需要两个级别的网格或时间步长进行计算。精度阶测试是模型验证过程中最难满足的测试，它对算法中细微的缺陷都非常敏感，如电流密度边界条件，坐标变换或者浮点数精度等。由于其严苛的特性，故图4-13给出了稳态问题阶验证程序的详细步骤。

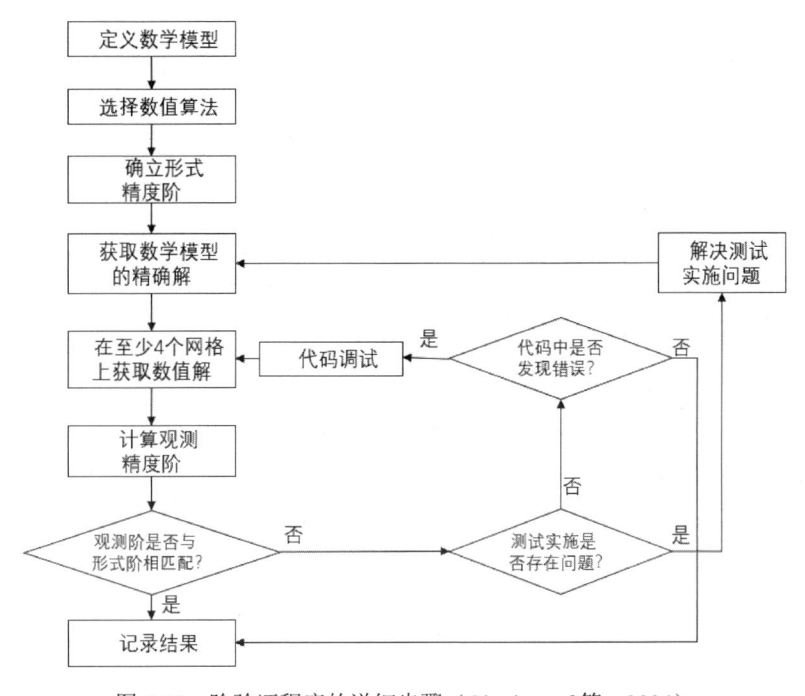

图4-13　阶验证程序的详细步骤（Oberkampf等，2004）

目前，模型精度阶验证的方法有 4 种，Thomas 等人认为不同验证方法之间的对比如表 4-5 所示。

表 4-5　不同阶验证方法在成本和类型方面的对比

验证方法	成本	阶估算的类型
系统性的网格细化标准阶验证	高	精确精度阶
降尺度方法	中低	允许假阳性
统计法	中等	允许假阳性
残值法	极低	允许假阳性和假阴性

备注：阳性为观测阶与形式阶相匹配；阴性为观测阶小于形式阶；假阳性为实际阴性但采用不严谨的方式测得的阳性；假阴性亦然

残值法实质上是将模型的解析解直接代入离散方程获取截断误差，由于不需要任何迭代，所以误差评估简单易行。但其缺点显而易见，如无法评估常见的第一类边界条件（对于材料力学而言就是直接以应力和位移作为边界条件，对于电化学而言就是直接以电压或电流作为边界条件，对于传热学就是温度边界条件等），无法适用于解耦方式求解的偏微分方程组。

统计法由 Heber 等人提出，只采用一套网格，通过在关注区域上不断连续缩小尺寸比例，然后随机抽样进行获取数值离散误差。其优点在于不需要系统性的细化网格，故消耗时间较少；其缺点在于统计方法的收敛性需要得到保证，且随着尺寸比例的缩小关注点会向边界位置靠拢等。

降尺度方法类似于统计法的升级版，它具有诸多统计法的优势，但解决了统计法收敛性的潜在风险。进一步通过选择网格缩放的焦点，使得我们可以考虑航空装备复杂几何结构情况下的腐蚀边界条件验证。不过，由于降尺度方法忽略了离散误差传递至缩小域中的可能性，因此对实际收敛速度的判断偏向乐观。

如图 4-13 第 4 步所述，在阶验证的过程中，需要构造模型的精确解，同时在前述的离散误差评估和收敛测试两个验证过程中，也需要模型的精确解进行支撑。由于数值计算通常涉及复杂的不同物理场耦合的偏微分方程组（PDEs），如应力腐蚀涉及弹塑性方程、损伤动力学方程，甚至包含热传递方程，冲刷腐蚀涉及 N-S 方程、粒子追踪方程及界面损伤方程等，这些偏微分方程组往往难以获取解析解，因此研究人员发展出不同的方法，如虚构解和替代解方法用于模型验证工作。模型验证中高精度解构造方法如表 4-6 所示。

表 4-6 模型验证中高精度解构造方法

名称	原理	评价
传统精确解	假设 PDEs 具有合理定解条件,然后采用变量分离法、变换法、特征法等求取精确解	简单易行,但对复杂方程的精确解难于求取
虚构解	采用逆向方法,预先给定 PDEs 一个解,然后通过运算生成由原始 PDEs 和附加源项组成的修正方程组的精确解	适于复杂 PDEs,如高纬度、多场耦合和复杂形状的对象,且擅长发现离散过程中的错误。其缺点:第一,需要将任意项引入代码,具有白盒测试的特点,故验证工作耗时费力;第二,具有任意性,不具备明确的物理意义
物理真实虚构解	两种思路:第一,通过简化 PDEs 的维度或者解耦获取理论解;第二,采用逼近思想,也称为临近问题法,用高度细化的数值解拟合成虚构解	具备清晰的物理意义,但用第一种方法获取的解适用范围有限,第二种方法需要大量高精度数值解做支撑,成本较高
近似解	无穷级数法、降维法(PDEs 退化为 ODEs)、基准解法	无穷级数适用于线性 PDEs,降维法适用于存在特殊变换形式的 PDEs,基准解法必须以获取高精度数值解为前提
备注:复杂 PDEs,由几何结构、多物理场耦合及环境非线性等因素导致的 PDEs,其难于求解		

PDEs 一般有两种形式,微分形式和积分形式,两者依次又称为强形式和弱形式。强形式的 PDEs 要求解必须是可微分,而弱形式的解可以包容不连续、不可微的情况。因此,弱形式的解只能有限的满足 PDEs 的要求,本书考虑的均是强形式问题,但需要指出强形式的解必然满足弱形式要求,故上述精确解验证的内容同样适于常见的有限元方法。

4.2.2 解验证

在科学计算中,为了确认特定数学模型的仿真精度是否达到预期要求,就需要进行解验证。它包括代码输入、代码结果的精度、所关注情况的仿真精度,以及涉及的任何后处理工作的精度。解验证主要包括三个方面,输入数据验证、后处理工具验证和数值误差估算,所含内容如表 4-7 所示。

表 4-7 解验证所含内容

解验证	所含内容
输入数据验证	模型方程、物理场和数值算法的输入文件
	求解域网格

续表

解验证	所含内容
输入数据验证	边界条件和初始值
	物理场参数（如交换电流密度、压力载荷、振动谱等）
	材料物性参数
	实体几何结构 CAD 数据文件
后处理工具验证	后处理的数值精度
	软件使用规范
数值误差估算	舍入误差
	统计抽样误差
	迭代误差
	离散误差

输入数据就是运行科学计算代码所需的信息。例如，计算模型中的几何结构、边界条件、材料物性等。

后处理工具指的是作用于科学计算代码输出的任何软件。如果后处理涉及任何类型的数值近似，如离散、积分、内插等，那么应验证这些工具的精度阶（如通过阶验证），否则需遵照标准软件工程实践。常用后处理软件有 origin、tecplot、ParaView 等，origin 是科学绘图、数据分析软件，功能包括数据统计、曲线拟合及峰值分析；tecplot（见图 4-14 左）是绘图和数据分析的通用软件，具有丰富的数据可视化功能，如曲线绘制、标量场展示、2D 和 3D 矢量场可视化等；ParaView（见图 4-14 右）是一个开源跨平台的应用程序框架，不仅可以对 2D 和 3D 数据进行分析和展示，还支持并行数据处理，它采用 C++编写，可以进行二次开发。

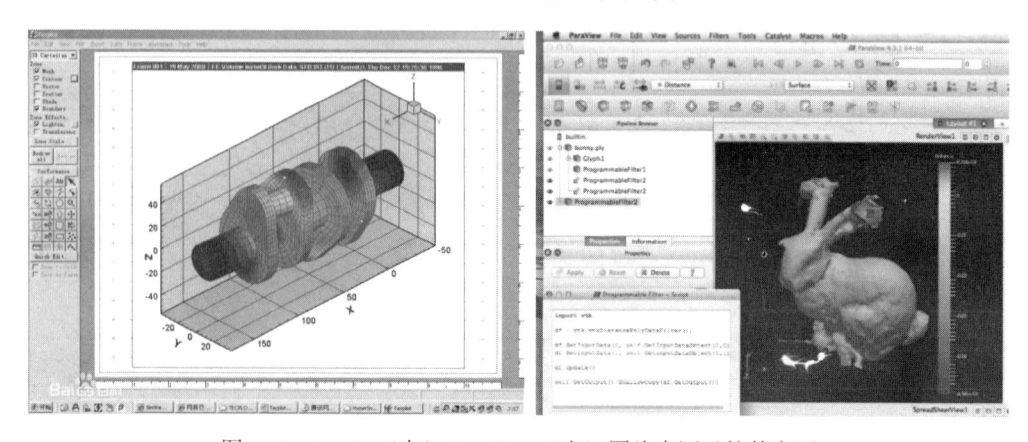

图 4-14　tecplot（左）ParaView（右）图片来源于软件官网

数值误差包括四种：舍入误差、统计抽样误差、迭代误差、离散误差。

舍入误差：在仿真中，计算机将实数存储在有限的内存中，为了使内存足够存储这些数字，需要限制数字的精度和范围，这样造成的误差称为舍入误差。各种编程语言指定的浮点精度如表 4-8 所示。

表 4-8 各种编程语言指定的浮点精度

精度格式	C/C++	Fortran 95/2003	MATLAB
单精度	浮点数	实数，实数*4（默认）[a, b]	单精度
双精度	双精度（默认）	双精度，实数*8[a, b]	双精度（默认）
半精度	不适用	a, b	不适用
扩展精度	长双精度 a	a, b	不适用
四倍精度	长双精度 a	a, b	不适用

注：a 表示与编译程序相关，b 表示可通过"kind"属性访问。摘自《科学计算中的确认与验证》P193。

统计抽样误差：如果仿真稳定且确定，将不会有统计抽样误差，仿真计算中的系统响应量大多为平均量，统计时会产生抽样误差，一些科学计算方法本身就具有随机性（如有限元法，直接模拟蒙特卡洛、格子玻尔兹曼），通过增加实现次数、迭代次数或时间步长，通过对系统响应量的收敛情况进行评估，从而估算统计抽样误差。

迭代误差：控制方程中近似解与精确解之间的差，使用迭代法（或者松弛迭代法）求解代数方程，任何时候都可能出现这类误差。迭代法按效率升序，稳健性降序可以归纳为试位法、正割法、牛顿法。迭代收敛准则可以依靠迭代之间的差或者迭代残值进行确定。迭代误差的估算方法有机器零位法及局部收敛速度法。

离散误差：数学模型解析解与离散方程数值解之间的差。所有的仿真过程中几乎都会产生离散误差。数值求解过程中对数学模型的离散会造成离散误差。离散过程主要有两种，数学模型的离散和域的离散。

数学模型的离散：数学模型中的控制方程基本由偏微分或者积分方程组成。离散方法有：有限差分法，用有限差分代替方程中的偏导数；有限体积法，用单元格的数值平均值代替体积积分；有限单元法，用加权残值法或者变分原理将偏微分方程化为代数方程。

域的离散：仿真需要对数学模型的定义域进行离散处理。对于与时间无关的稳态问题，将空间划分为节点、单元格或者元素，应用于离散方程。对于与时间有关的非稳态问题，仿真也通过把时间域分割为合适的时间步长 Δt 来实现。对于复杂的三维几何体，需要投入大量的精力与时间才能生成合适的空间网格。离散误差也极大地受到网格质量和粗细程度的影响。有两种基本的网格划分方式：排序规则的结构化网格，这种网格在复杂几何体上应用时的难度也更大；无规则的非结构化网格，这种网格生成时较为简单。结构化网格和非结构化网格如图 4-15 所示。

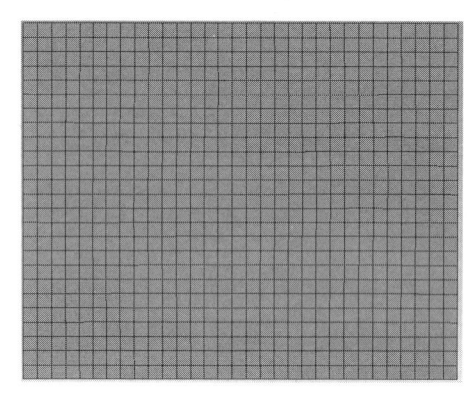

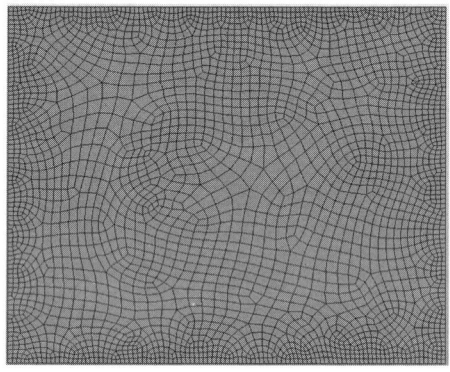

图 4-15　结构化网格（左图）和非结构化网格（右图）

网格质量由网格收敛指标（GCI）确定，由 Roache 提出，利用绝对值将离散误差估值转换为不确定度估值，即

$$\text{GCI} = \frac{F_s}{r^p - 1} \left| \frac{f_2 - f_1}{f_1} \right|$$

式中，F_s 为安全系数，f_1 为细网格解，f_2 为粗网格解，r^p 为网格细化系数。

对于复杂的模型，使用网格细化来缩小离散误差的计算成本十分高昂。在三维模型中，使用网格对分法进行网格细化时，单元数会成 8 倍增加，计算成本也会提高 8 倍。因此，一种成本较低的缩小离散误差的方法是针对性的局部解自适应。解自适应主要包含确定自适应的区域及完成自适应的方法两个方面。

推动自适应过程中找到一个合理的标准是解自适应最大的困难之一，经常使用基于解值或者梯度的高阶重构方法，或者基于对局部截断误差或者残差的估算。如果使用推动自适应过程的方法，一般最终会在空间域上得到一个变化的权重函数，利用这个权重函数，即可运用不同的方法实现局部解自适应。一般从粗网格开始，使用网格生成工具以递归的方式优化网格，完成自适应网格的重划分。自适应的方法主要有四种：基于解梯度的自适应、基于解曲率的自适应、基于离散误差的自适应和基于截断误差的自适应。

有两种方法实现不基于网格重划分的网格自适应：网格细化和网格移动。网格细化方法细分权重函数较大的单元和粗化权重函数较小的单元。网格移动要保持单元数量和网格的连通性，可采用线性弹性方程、变分法、拉普拉斯法等，也可以同时使用网格细化和移动方法。

根据工程实践经验，大多数解验证活动重点关注仿真中的数值误差估算，上文讨论了舍入误差、统计抽样误差、迭代误差和离散误差，前 3 个数值误差必须足够小才能不影响离散误差的估计。仿真中舍入误差和离散误差是始终存在的，而迭代误差和统计抽样误差取决于应用和所选算法。科学计算中数值误差的量化分析还涉及不确定性估算和模型确认的计算结果精度问题，这些将在 4.3 节展开叙述。

4.3 模型确认及预测实施

4.2 节扼要阐述了模型验证的主要工作，其主要目的是考察数值模型与计算机实现之间的关系，接下来介绍模型确认及预测工作，其本质是评估模型与研究对象（实际空间的物理对象）之间的关系。模型的验证及确认工作贯穿于建模、计算和结果分析整个过程，要验证确认一个模型是否是百分之百可信是非常具有挑战的，同时并无实际意义，因为这样需要将所有环境、组件和全局系统的所有不确定性因素进行逐一排除。模型的可信度是相对于工作目的和用户需求而言的，在某些情况下可信度达到 70% 可能就已经满足要求，但是在极端情况下，模型可信度达到 99% 都未必满足需求。本书内容将对模型确认及预测工作展开叙述。旨在让读者能够概略的掌握模型确认的原理及实施流程，以及可信度评估要点。

图 4-16 所示为模型确认及预测示意图，其中纵轴为环境变量输入，如大气湿度、含氧量及外接激励等；横轴表示系统特征输入，如物性参数、交换电流密度和平衡电位等；坐标图中测试区域矩形框内包含了校准区、确认区和认证区，每个区域都有对应的实验和仿真模型。最终应用的预测点在测试区域外，模型确认的目的就是通过测试区域的三类活动得到测试区域外的特性预测。这些活动除了 4.2 节提到的分层思想（实验和建模均需要分层处理），还需要考虑研究对象的输入特性和环境特性。总之，模型确认是一个迭代更新、不断提升模型可信度的过程。

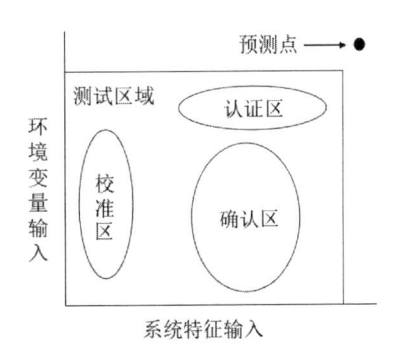

图 4-16 模型确认及预测示意图

4.3.1 确认实验的原则

确认实验为全新的实验类型。确认实验的主要目的在于确定物理过程中数学模型的预测能力。换言之，确认实验设计、执行和分析的目的在于定量的确定模型及其在计算机代码中体现模拟特征，完善物理过程的能力。

Oberkampf W L 提出在确认实验执行时有以下六个原则。

（1）确认实验必须由实验人员、建模人员、软件人员及现场使用人员共同设计，从实验的设计阶段到最终的文件归档，所有人员都必须密切合作。不仅要发挥实验和计算二者的优势，还要能弥补各自专业背景的不足，从全局上实现理论实践的扩充和提升。

（2）确认实验必须抓住物理本质，测量所有与物理建模相关的数据，以及模型所需的初始条件、边界条件和激励信息。

（3）确认实验应该致力于强调实验与计算方法内在的协同，使得计算不仅可以指导实验，而且实验又可以确认计算的结果。

（4）尽管确认实验必须由多方人员共同设计，但是实验数据和计算结果的获取必须保证独立性。在实施过程中，实验和计算人员应该互不影响地开展工作。在双方都得到最终结果后，再进行数据的对比，并共同研究误差产生的原因。

（5）确认实验的测量也需要建立一个由简到难的层次结构，遵循从全局量到局部量的原则。

（6）确认实验应确保能够分析实验中随机不确定性和系统的不确定性。

4.3.2 不确定性分析

对于航空装备这种复杂系统，包含了武器系统、动力系统、电子系统和结构系统等多个子系统的对象，很难开展统计意义的全系统实验，并充分量化所有不确定性。因此如何根据有限的信息对多种来源的不确定性做出估计，是模型确认的关键挑战。

一般来说，确定性是相对的，而不确定性是绝对的，相应的在航空装备的腐蚀控制设计中，几乎所有的设计变量和设计参数都带有一定的不确定性，其仿真模拟涉及的不确定性来源如下。

（1）系统及其环境本身的不确定性。例如，结构的几何尺寸、初始条件、物理参数、边界条件和系统激励等。

（2）模型假设条件及数值仿真各环节产生的不确定性。例如，各种物理假设和数学假设、数值离散和算法，以及求解不确定性等。

（3）与实验测量相关的不确定性。例如，试验仪器本身产生的不确定性，以及试验过程中重复测量和人为产生的不确定性等。

虽然传统的基于仿真模型的设计均为确定性设计，但实际上，不确定性存在于工程设计的各个方面，如图4-17所示。

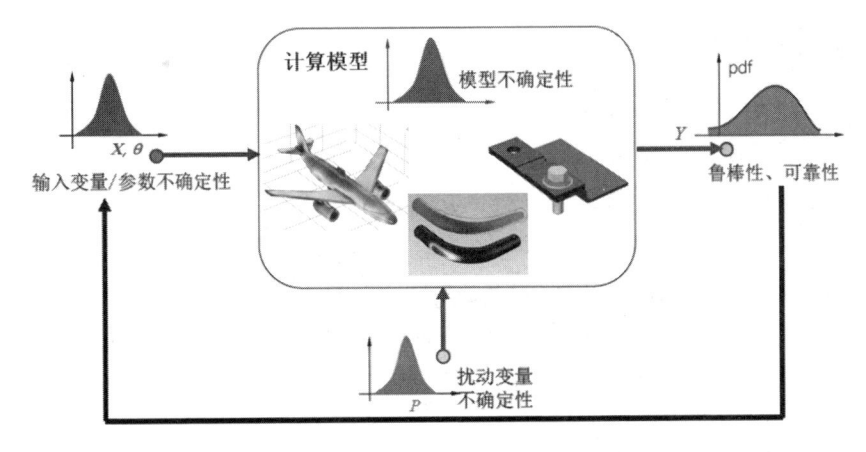

图 4-17 航空装备典型腐蚀计算模型中的不确定性

模型的不确定性分析包括对多源不确定性的量化（Uncertainty Quantification，UQ）和灵敏度分析（Sensitivity Analysis，SA）两大部分。不确定性的量化是分析并描述所有影响模型精度的因素进行定量的过程，主要工作包括：

- 不确定性的表述方法，包含概率方法和非概率方法；
- 不确定性的传播方法，包含正向传递和逆向传递；
- 模型确认度量，即通过实验数据辨识模型参数和模型偏差。

模型不确定性量化方法统计如表4-9所示。

表 4-9 模型不确定性量化方法统计

序号	工作名称	类型	方法
1	不确定性的表述方法	概率方法	经典概率论、贝叶斯理论
		非概率方法	模糊集、区间分析、概率边界、蒙特卡洛抽样、证据理论、可能性理论、上下预知理论

续表

序号	工作名称	类型	方法
2	不确定性的传播方式	正向传递	抽样方法、展开方法、快速建模方法、近似积分方法
		逆向传递	贝叶斯方法、极大似然估计方法
3	模型确认度量	尚无统一分类	经典假设检验、贝叶斯因子、频率度量、概率密度函数面积度量

灵敏度分析（SA）是研究模型输入的不确定性对其输出影响的过程，模型输入通常指模型的输入变量、输入参数等。灵敏度分析的目的在于估计仿真模型输出不确定性的大小、分析输出不确定性产生的主要因素并减小模型输出的不确定性，分辨偶然失效发生的主要因素，为估计模型的可信度做铺垫。现有的敏感性分析方法主要有以下两类。

- 数学方法：主要面向机理模型，一般假设输入参量为标准概率分布，常见的方法有扫描法、方差敏感性分析、矩独立敏感性分析和区独立敏感性分析；
- 统计方法：主要面向实验数据，从数据中提取敏感性信息，这类敏感性分析方法一般与数据统计模型相生相随，主要方法分为两大类：线性回归，包含 Pearson 相关系数、标准回归系数等；非线性回归，包含参数回归和非参数回归。非参数回归常见的方法较多，如局部权重回归、广义可加模型、投影寻踪、支持向量机和人工神经网络等。

4.3.3 模型可信度评估

典型的模型的可信度评估主要包括以下六个步骤。

（1）识别不确定性所有相关来源。包括模型输入和模型不确定性，模型输入包括系统输入数据（几何参数、初始参数、物理建模参数等）和周围环境输入数据（边界条件和激励源项)，模型不确定性主要指的是建模过程中采用的各种假设产生的不确定性，包含环境参数、目标对象、物理耦合效应、数学偏微分方程等，因多由主观不确定性造成而难以量化。模型输入和模型不确定性组合产生的概率如图 4-18 所示。

（2）采用数理统计量化描述不确定性来源，即不确定性量化。首先确定样本所需元素的数量，其次对模型输入参数的不确定性完成统计分析给出概率分布函数，最后对模型计算结果进行置信区间评估。

（3）估计数值解误差，即模型验证。主要包括迭代误差和离散误差，除此之外还包括使用有缺陷的数值解法、舍入误差和后处理错误等。

（4）估计所关注系统响应量的不确定性，即不确定性的传播。目前唯一能够通过任意模型传播偶然因素造成的不确定性和主观尝试造成的不确定性方法是蒙特卡洛抽样法（MCS），因此可以通过在模型内对数学编程运算，通过传播输入不确定性，获得输出不确定性。

（5）执行模型更新。模型更新往往包含了研究对象和环境相互作用的变化、不合理假设剔除、子模型替换和参数更新等。

（6）执行灵敏度分析。确定模型任何方面发生的变化如何改变模型的预测响应，包括局部敏感性分析和全面敏感性分析。局部敏感性分析需要根据每个输入量计算系统响应量的偏导数；全面敏感性分析是构建每个响应值的散点图，作为每个因变量的函数，形成一个矩阵式的散点图。该步骤的目的是预测模型改变后对预测相应的改变程度。

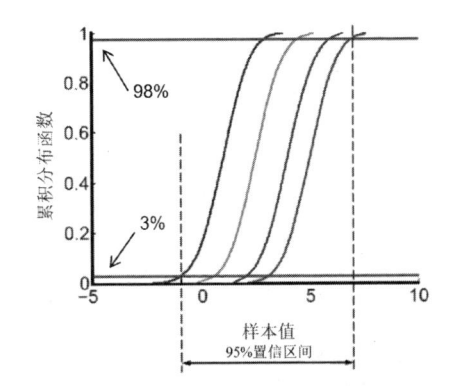

图 4-18 模型输入和模型不确定性组合产生的概率

典型模型参数修正、确认和不确定性预测流程如图 4-19 所示。

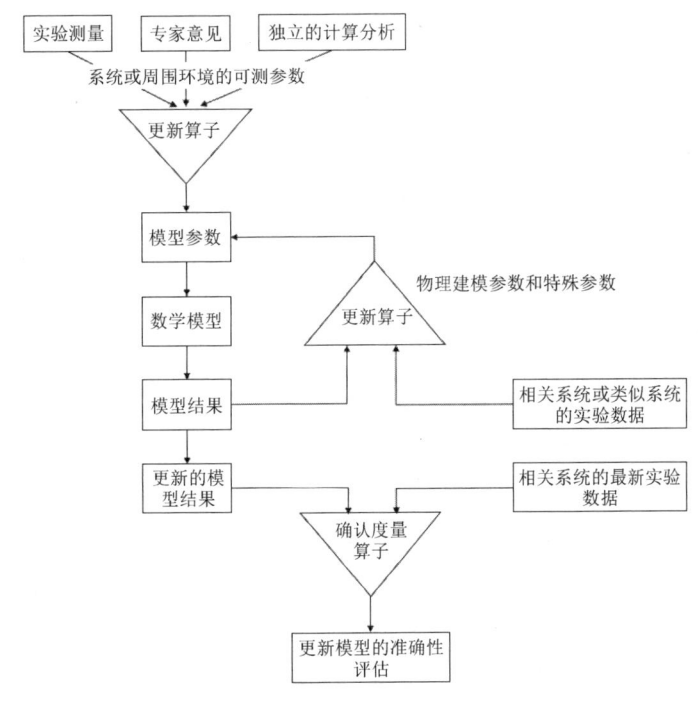

图 4-19 典型模型参数修正、确认和不确定性预测流程（Oberkampf 等，2004）

4.3.4 问题与挑战

截至目前，模型验证及确认在方法论上已基本确定，相关的技术体系及术语定义也趋于完善。当前的主要挑战是如何将模型验证确认应用到复杂的装备系统中去。为此，美国的 AIAA、ASME 和 SCS 等多个组织已经推出了一系列指南文件，但由于实际开展模型验证和确认过于复杂，除了核武器、航天等对模型可信度要求较高的领域，这些文件很难指导工程实践。同时，由于实际工程问题的不确定性因素太多，使得不确定性量化的方法显得有些捉襟见肘。

对于航空装备的腐蚀建模问题，通常存在多个输入参量，尤其是环境参数和服役工况参数等，具有高度的不确定性和较宽的取值范围，进一步引发多参数组合的输入空间爆炸问题，在有限的时间和计算资源限制下，对腐蚀建模提出了严峻的挑战。虽然模型校准、修正技术在结构力学、土木工程和流体动力学中取得了长足的发展，但对于腐蚀仿真当下仍处于萌芽阶段，作为模型确认过程中的关键环节，未来非常有必要对腐蚀模型的修正环节进行深入研究，其必将包含固体力学、电化学和传热学等多场耦合动力学系统的模型修正方法研究，以及适用于装备腐蚀体系的新型修正方法。

参考文献

[1] 钟耳顺，宋关福，汤国安，等. 大数据地理信息系统：原理、技术与应用[S]. 北京：清华大学出版社，2020.

[2] 安筱鹏. 重构 数字化转型的逻辑[S]. 北京：电子工业出版社，2019.

[3] 华为公司数据管理部. 华为数据之道[S]. 北京：机械工业出版社，2020.

[4] 钟华. 数据中台：让数据用起来[S]. 北京：机械工业出版社，2017.

[5] 杨春晖，谢克强，黄卫东，等. 企业软件化[S]. 北京：电子工业出版社，2020.

[6] 陈亚丰. 结构设计对镁合金零部件腐蚀性能的研究和仿真[D]. 上海交通大学，2020.

[7] 孙文. 腐蚀产物沉积对局部腐蚀行为的数值模拟[D]. 大连理工大学，2013.

[8] 刘安强. 严酷海洋大气环境腐蚀模拟与加速试验方法研究[D]. 北京科技大学，2012.

[9] 中国航空材料手册编辑委员会. 中国航空材料手册[S]. 北京：清华大学出版社，2013.

[10] JIA J X，SONG G，ATRENS A. Experimental Measurement and Computer Simulation of Galvanic Corrosion of Magnesium Coupled to Steel[J]. Advanced Engineering Material. 2007，9：65-74.

[11] VARELA F E，KURATA Y，SANADA N，The influence of temperature on the galvanic corrosion of a cast iron-stainless steel couple（prediction by boundary element method）[J]. Corrosion Science 1997，39，775.

[12] 贾思奇，郄彦辉，李煜彤. 基于遗传-神经网络算法的含均匀腐蚀缺陷油气管线爆破压力预测研究[J]. 中国安全生产科学技术，2020，16（12）：105-110.

[13] 李昕, 王原嵩, 陈严飞. GA-BP 人工神经网络应用于海底腐蚀管道极限承载力的研究[J]. 中国海洋平台, 2009, 24（4）: 43-49.

[14] 向乃瑞, 闫海, 王炜. GA-BP 神经网络预测金属腐蚀速率[J]. 电力学报, 2018, 33（1）: 48-54.

[15] 李昊, 杨国明, 辛靖. 基于神经网络与遗传算法的常压塔顶油气系统腐蚀预测[J]. 石油化工腐蚀与防护, 2018, 35（2）: 34-37.

[16] 商杰, 朱战立. 基于遗传算法的神经网络在预测油管钢腐蚀速率中的应用[J]. 腐蚀科学与防护技术, 2007, 19（3）: 225-228.

[17] 李海涛, 袁森. 基于遗传算法和 BP 神经网络的海洋工程材料腐蚀预测研究[J]. 海洋科学, 2020, 44（10）: 33-38.

[18] 王枭. 典型常减压装置腐蚀分析及腐蚀预测技术研究[D]. 北京化工大学, 2020.

[19] 王冠兰. 循环冷却水系统腐蚀预测研究[D]. 天津理工大学, 2016.

[20] 杨国华, 颜艳, 杨慧中. GM(1,1)灰色预测模型的改进与应用[J]. 南京理工大学学报, 2020, 44（5）: 575-582.

[21] 陈晨. 基于优化的 Grey Markov 模型的油气管道腐蚀失效预测研究[D]. 西安建筑科技大学, 2019.

[22] 金晓军, 霍立兴, 张玉凤, 等. X65 管线钢焊接接头 H_2S 应力腐蚀研究及其有限元数值分析[J]. 中国腐蚀与防护学报, 2004, 24（1）: 20-24.

[23] 邢青. 船用钢海水腐蚀模型及评价方法研究[D]. 江苏科技大学. 2015.

[24] 徐庆林, 王向军, 童余德, 等. 腐蚀电场的力学化学耦合模型[J]. 哈尔滨工业大学学报, 2021, 53（3）: 186-192.

[25] 张有宏. 腐蚀环境下飞机的广义全寿命分析模型[D]. 西北工业大学, 2005.

[26] 陈子光. 腐蚀损伤模型研究进展[J]. 固体力学学报, 2019, 40（2）: 99-116.

[27] 胡舸. 海底管线腐蚀检测与腐蚀预测的研究[D]. 重庆大学, 2007.

[28] 耿德平, 宋庆功. 航空材料腐蚀疲劳研究进展[J]. 腐蚀与防护, 2011, 32（3）.

[29] 陈素晶. 航空铝合金大气腐蚀的模拟研究[D]. 南京航空航天大学, 2005.

[30] 刘丽, 任呈强. 灰色系统理论在石油工业腐蚀中的应用于进展[J]. 材料导报, 24（8）: 99-102.

[31] 孙东旭，吴明，谢飞，等. 基于有限元分析的管道腐蚀缺陷生长预测模型[J]. 石油化工高等学校学报，2020，33（1）.

[32] 魏薪，董超芳，徐臭妮，等. 金属腐蚀的多尺寸计算模拟研究进展[J]. 中国材料进展，2018，37（1）.

[33] 夏大海，宋诗哲. 金属腐蚀速度的电化学噪声监测：理论模型研究进展[J]. 化工学报，70（10）：3880-3891.

[34] 王亮. 金属橡胶密封系统模型建立及仿真分析[D]. 哈尔滨工业大学，2010.

[35] 孟祥琦. 铝合金材料的应力腐蚀及腐蚀疲劳特性试验研究[D]，上海交通大学，2012.

[36] 丁红燕. 铝合金和钛合金在雨水/海水环境下的腐蚀与磨损交互作用研究[D]. 南京航空航天大学，2007.

[37] 雍兴跃，林玉珍，刘景军，等. 碳钢在管流体系中的流动腐蚀动力学模型[J]. 2002，53（7）：680-684.

[38] 孙世超. 有限元模型下航天气瓶裂纹过载控制研究[J]. 沈阳大学，2012.

[39] 廖瑛，邓方林，梁加红. 系统建模与仿真的校核，验证与确认（VV&A）技术[S]. 北京：国防科技大学出版社，2010.

[40] WILLIAM L O, CHRISTOPHER J R. Verification and Validation in Scientific Computing[M]，London. Roy CAMBRIDGE UNIVERSITY PRESS，2010.

[41] 邓小刚，宗文刚. 计算流体力学中的验证与确认[J]. 力学进展，2007，37（2）：279-287.

[42] 戚宗锋，李林，刘文钊，等. 电子信息系统仿真可信度评估理论方法[S]. 北京：国防科技大学出版社，1999.

[43] 保罗·阿曼. 软件测试基础[S]. 北京：机械工业出版社，2018.

[44] The American Society of Mechanical Engineers. ASME V&V 10-2019.

[45] The American Society of Mechanical Engineers. ASME V&V 20-2009.

[46] American Institute of Aeronautics and Astronautics. DIGITAL TWIN: DEFINITION & VALUE An AIAA and AIA Position Paper. 2020.

反侵权盗版声明

电子工业出版社依法对本作品享有专有出版权。任何未经权利人书面许可，复制、销售或通过信息网络传播本作品的行为；歪曲、篡改、剽窃本作品的行为，均违反《中华人民共和国著作权法》，其行为人应承担相应的民事责任和行政责任，构成犯罪的，将被依法追究刑事责任。

为了维护市场秩序，保护权利人的合法权益，我社将依法查处和打击侵权盗版的单位和个人。欢迎社会各界人士积极举报侵权盗版行为，本社将奖励举报有功人员，并保证举报人的信息不被泄露。

举报电话：（010）88254396；（010）88258888
传　　真：（010）88254397
E-mail：　dbqq@phei.com.cn
通信地址：北京市万寿路 173 信箱
　　　　　电子工业出版社总编办公室
邮　　编：100036